... DE L'INSTITUT POLYTECHNIQUE

97, RUE DE RICHELIEU, A PARIS

PRINCIPES

DE LA

SCIENCE DU COMMERCE

MÉTHODE & PROGRAMME D'ENSEIGNEMENT

PAR

H. LEFÈVRE

(DE CHATEAUDUN)

Licencié ès-sciences

PRIX : **DEUX FRANCS.**

PARIS

DELAGRAVE, LIBRAIRE-ÉDITEUR

58, Rue des Écoles.

(Droits de traduction et d'exposition réservés).

1874.

PRINCIPES

de la

SCIENCE DU COMMERCE

MÉTHODE & PROGRAMME D'ENSEIGNEMENT.

PUBLICATIONS DE L'INSTITUT POLYTECHNIQUE

97, RUE DE RICHELIEU, A PARIS

PRINCIPES

DE LA

SCIENCE DU COMMERCE

MÉTHODE & PROGRAMME D'ENSEIGNEMENT

PAR

H. LEFEVRE

DE CHATEAUDUN

Licencié ès-sciences.

PARIS

DELAGRAVE, LIBRAIRE-ÉDITEUR

58, Rue des Écoles.

1874.

PRINCIPES

DE LA

SCIENCE DU COMMERCE.

DE L'ENSEIGNEMENT COMMERCIAL.

On se préoccupe beaucoup, en ce moment même, des moyens à prendre pour développer le commerce de la France dans ses rapports avec l'étranger. On pense avec raison qu'un enseignement spécial serait efficace pour propager le goût des affaires sérieuses, portant sur des produits réels, et détourner les capitaux des opérations interlopes et malsaines de la Bourse, qui n'ont en vue que des valeurs fictives, ou, le plus souvent, non représentatives de richesse. D'honorables efforts heureusement dûs à l'initiative privée ont provoqué la création de nouvelles écoles de commerce dans nos principaux centres industriels, mais il faut, sous peine de voir avorter ces tentatives, que l'enseignement lui-même réponde à ces efforts, et que l'élève en retire autre chose qu'une érudition vague, sans consistance, plus susceptible de le dévoyer que de lui être vraiment utile.

A cet égard, on a constaté tout d'abord qu'on manquait de professeurs pour un tel enseignement; c'est pourquoi un généreux financier (1) a eu l'idée de fonder des Bourses destinées à en former. Mais ne serait-ce pas plutôt la science commerciale elle-même et un plan d'enseignement qui feraient défaut?

Deux classes de personnes professent sur le commerce : ce sont les comptables et les économistes. Les uns et les autres se jugent par leurs œuvres. Les premiers sont les praticiens de la matière. Ils enseignent la seule partie de la science commerciale qui ait acquis une précision réelle. Leur rôle modeste est incontestablement utile et ils n'affichent pas la prétention d'en sortir; mais la comptabilité n'est pas le commerce, elle n'en est que l'auxiliaire indispensable. Comme science ou comme art, elle n'a pas dit son dernier mot, puisque le commerce lui-même tend à se transformer et qu'il n'est plus déjà ce qu'il était aux XIV et XV siècles alors que la fameuse *Banque de Saint-Georges* perfectionnait la comptabilité financière, la tenue des livres en partie double telle que nous la retrouvons à notre époque, et le code des diverses mesures à l'aide desquelles on procède à la vérification des comptes: mesures dont la plupart sont abandonnées aujourd'hui, malheureusement pour les intéressés.

Les théoriciens du commerce ont été, jusqu'ici, les économistes: ils y ont établi leur domaine, mais on ne saurait dire qu'ils l'aient vivement éclairé.

(1) M. Bamberger, administrateur de la Banque de Paris et des Pays-Bas.

Avant eux chacun se faisait une idée générale et très-nette des mots : Agriculture, Industrie, Commerce ; Producteur, Fabricant, Commerçant. Mais depuis, tout cela s'obscurcit dans leurs écrits. A force de quintessencier les mots : Utilité, Valeur, Produit, on est arrivé à n'y plus rien comprendre, et les meilleurs esprits comme J.-B. Say, se sont laissés entraîner eux-mêmes dans les subtilités de l'école. Le *Catéchisme d'économie politique*, qui est encore ce qu'il y a de mieux sur la matière, s'exprime ainsi :

« Donner de la valeur aux choses en leur donnant de l'utilité,
« c'est produire; et l'action d'où résulte un produit se nomme
« production.»

. . . .

« On produit encore en achetant un produit dans un lieu où il
« a moins de valeur et en le transportant dans un lieu où il en
« a davantage. C'est ce qu'exécute l'*Industrie Commerciale* (1).

D'où il résulte qu'un *commerçant* est un *producteur* et un *industriel*. On voit que la notion perd singulièrement de sa clarté.

Un des disciples de J.-B. Say, et qui aurait pu se dispenser d'écrire un livre élémentaire après ce maître remarquable, énonce :

« En toute circonstance, soit que la production s'exerce sur les
« choses, soit qu'elle s'exerce sur les personnes, nous ne créons
« jamais de la matière, nous nous bornons à produire de l'Utilité,
« source de la Valeur, de sorte que les *produits* de l'industrie

(1) J.-B. SAY. *Catéchisme d'Économie politique*, 2ᵉ édition, 1821.

« humaine quels qu'ils soient sont essentiellement *immaté-*
« *riels* (1). »

De sorte que l'*industrie commerciale* ci-dessus définie consiste
à transporter d'un lieu dans un autre des *produits immaté-
riels ! ! !*

Telle est la métaphysique dont les économistes prétendent faire
la base d'un enseignement commercial et même universel ; nous
allons voir maintenant où ils en sont dans l'application de leurs
principes, ou de leurs doctrines.

Pour juger de l'inconsistance de leurs idées, il faut lire l'article
Commerce dans la dernière et récente édition d'un ouvrage
estimable à beaucoup d'égards et qui se trouve dans un grand
nombre de mains : *Le Dictionnaire Universel du Commerce et
de la Navigation* publié par Guillaumin, l'éditeur et le libraire
spécial des Économistes, et de la Société d'économie politique.
Nous croyons devoir en extraire le passage suivant pour montrer, sur cette question, l'état actuel des esprits qui se croient le
mieux préparés à la traiter :

« Le commerçant opère dans le temps et dans l'espace, à la fois ou
séparément. Quand il opère dans le temps et l'espace, il transporte sur
un point du territoire ou à l'étranger, des marchandises qu'il a achetées
ou produites dans un autre lieu ; il fait alors un acte de commerce
proprement dit. Quand il opère dans le temps seulement, il conserve
les marchandises soit chez lui, soit en dépôt, dans les mains du vendeur ou dans des magasins publics, pour les revendre à une époque
précise ou indéterminée ; il fait dans ce cas un acte de spéculation.

(1) Joseph GARNIER, *Premières Notions d'Économie politique
ou Sociale,* 1864.

Il importe extrêmement d'établir une distinction à laquelle on ne s'est pas suffisamment arrêté, et de montrer les différences radicales qui existent entre les deux opérations parce que si la première ne cesse jamais d'être irréprochable, la seconde peut ne pas l'être toujours.

Le commerce ajoute une valeur réelle aux produits sur lesquels il opère ; car il leur donne une certaine façon qu'ils n'avaient pas reçue, une utilité nouvelle qui est le fruit du travail. Une marchandise transportée de New-York au Havre vaut plus à l'arrivée qu'elle ne valait au départ ; si elle est expédiée à Paris son prix est encore plus élevé parce que dans l'un et l'autre cas, il y a eu services rendus au négociant du Hâvre et aux marchands de Paris. Mais si, au lieu de vendre les produits américains à leur arrivée en France, le spéculateur les retient parce qu'il croit à une mauvaise récolte de coton, de sucre et de café ; si, poussant plus loin l'aventure, il achète les chargements de plusieurs vaisseaux encore en mer, et les approvisionnements déposés dans les docks et dans les magasins de la douane et que ses prévisions se réalisent, les produits dont il est détenteur auront acquis une valeur fictive ; et le spéculateur ne leur aura donné aucune utilité nouvelle en dehors de celle qu'ils avaient acquises par le transport et la distribution ; son intervention s'est bornée à arrêter la circulation d'un ou de plusieurs produits dans la prévision d'événements qui pourront les faire rechercher plus qu'ils ne le sont au moment où il en interrompt l'échange, et qui, par conséquent, lui procurent un bénéfice plus élevé. Dans ce profit excessif se trouveront sans aucun doute la rénumération d'une peine prise et l'intérêt de capitaux engagés ; mais le taux de ce double salaire sera hors de toute proportion avec le travail accompli, et la part afférente aux éventualités sur laquelle repose la spéculation représentera la plus grande partie de ce bénéfice anormal. Les fabricants, les marchands, et par suite les consommateurs auront payé à des prix de disette, des marchandises qu'ils pouvaient avoir bon marché ; c'est-à-dire qu'ils auront échangé une grande quantité contre une petite quantité de travail, 100 contre 10 peut-être ; en définitive à la différence du commerçant qui donne une valeur égale à celle qu'il reçoit, le spéculateur dîme sur tout le monde et s'enrichit de la perte d'autrui (*).

(*) L'auteur s'inspire ici des déplorables doctrines qui faisaient, sous la Terreur, décréter le *maximum*, envoyer les accapareurs à la mort, pour

Objectera-t-on que le spéculateur n'a fait qu'un emploi intelligent de
ses facultés, et qu'on ne saurait le lui reprocher ? pauvre objection, en
vérité : tous les Spoliateurs (!), grands et petits, ne font aussi qu'employer habilement leur activité ; consentira-t-on à les mettre sur le
même rang que les spéculateurs ? N'y aurait-il d'autre différence entre
eux que celle-ci : « que les premiers violent les lois écrites, et que les
seconds les cotoient sans les heurter. » Le fait est que la spéculation
est exclusive de l'intérêt général. Dans l'exemple que nous citions tout
à l'heure, le spéculateur a prévu une disette de coton, de sucre ou de
café ; et c'est là un résultat du travail de sa pensée ; à la bonne heure,
mais la question est de savoir s'il a fait un usage licite de ses prévisions ;
là est le point délicat. Le spéculateur a-t-il pu, sans violer les lois
providentielles (?) sur lesquelles repose l'organisation sociale, interrompre
les échanges, arrêter le commerce, suspendre l'industrie manufacturière ?
a-t-il eu *le droit* de doubler le temps de disette, par une manœuvre qui
a eu pour résultat d'élever le prix des marchandises, un an avant l'époque
ou l'augmentation se serait produite ? Il nous semble qu'ainsi posée la
question est résolue (*).

Mais que dira-t-on si le spéculateur ne se borne pas à prévoir la
disette, et s'il la fait lui-même par un effort plus complet de son habileté?
Si ces denrées coloniales, il les achète en masse, afin de les rendre plus
chères, en les retenant pendant un certain temps éloignées du marché ;
s'il s'empare de la plus grande quantité de certains produits indigènes,
des laines, des huiles, de la houille, des minerais, des blés ; si pour
élever encore davantage leur valeur artificielle il en détruit une partie ?
Certes, pour ce dernier acte, il y aura une réprobation universelle.
Cependant, il ne serait que la conséquence du premier pour lesquels on
a trouvé non-seulement des excuses, mais des éloges et des encourage-
ments.

aboutir à la famine publique. Nous pensions qu'il avait été fait justice depuis
longtemps de semblables erreurs.

(*) Et la conclusion de l'auteur est sans doute que le *gouvernement*
intervienne au nom de l'intérêt public, pour suspendre dans ces cas, la
liberté du commerce ! Encore le maximum.

En effet, on dit que la spéculation rend des services à la société, bien loin de lui être nuisible : en achetant les marchandises à bon marché, elle empêche à la fois à la baisse des prix d'atteindre un taux fatal au producteur, et la hausse excessive qui deviendrait fâcheuse pour les consommateurs ; cela serait vrai si le spéculateur se bornait comme le prévoyant ministre du Pharaon Egyptien, à faire des provisions en temps d'abondance pour les années de disette, et, la pénurie arrivée, à vendre les marchandises à juste prix (!) en retenant un bénéfice équivalent au salaire du travail, à l'intérêt des capitaux et aux frais de conservation. Mais la spéculation n'a pas coutume de procéder de la sorte ; elle ne serait pas spéculation : elle serait commerce, si elle agissait ainsi, et, dans ses opérations les plus ordinaires, elle donne toute l'extension possible à la maxime qui règle sa conduite : acheter le meilleur marché possible pour vendre le plus cher qu'il se pourra. Encore une fois il importe de réparer la confusion malheureusement faite entre le commerce qui, en facilitant les échanges, augmente le bien-être et la fortune publique, et la spéculation qui entrave le troc du travail, en suspendant la circulation des produits, et enrichit un petit nombre d'individus au détriment de la majorité (*).

On a voulu établir entre la spéculation et l'agiotage une différence bien difficile à préciser ; on la trouve dans ce fait que le spéculateur achète la marchandise, matières premières, produits fabriqués ou valeurs de Bourse, la paie et la met en magasin ou en portefeuille, pour la vendre quand il croira le moment opportun ; tandis que l'agioteur achète ou vend à terme une marchandise dont il ne songe à prendre ni à donner livraison.

Cette distinction n'est que subtile ; les deux opérations sont semblables sur tous les points.

Le spéculateur et l'agioteur sont mus par le même mobile, le désir de faire fortune rapidement, en donnant au travail accompli une valeur anormale.

(*) L'économie politique s'intitue *La Philosophie du commerce* : quel est le commerçant qui prendra au sérieux une telle philosophie et les hommes qui la professent ?

Le spéculateur et l'agioteur vendent cher après avoir acheté bon marché (!!!)

Le spéculateur et l'agioteur opèrent également dans le temps sans se préoccuper de l'espace (?)

Le spéculateur et l'agioteur courent l'un et l'autre des chances aléatoires, et par conséquent s'adonnent au jeu.

Le spéculateur et l'agioteur opèrent au moyen du crédit et par les mêmes manœuvres. (!!!?)

Le spéculateur et l'agioteur s'enrichissent et se ruinent avec la même rapidité.

Le spéculateur et l'agioteur enfin, soit qu'ils prospèrent, soit qu'ils échouent, causent la même perturbation dans les transactions régulières et le même préjudice à l'intérêt particulier comme à l'intérêt public.

Il n'est pas exact d'ailleurs de dire que le joueur de Bourse achète et vend ce qu'il sait ne devoir être ni livré ni payé ; la preuve c'est qu'il paye et qu'il est payé ; et que, dans le cas contraire, il y a contrainte, comme à la suite de tout acte de spéculation. Mais on objecte qu'il paye ou reçoit une différence seulement et non le prix de la vente ou de l'achat. D'abord, si le cas de solde en une différence est le plus ordinaire, il est loin d'être sans nombreuses exceptions. Et qu'importe d'ailleurs ? Acheteur ou vendeur, le spéculateur à la Bourse paye en se substituant un vendeur et un acheteur ; il fait une simple opération de Banque, analogue à celle qui se pratique chaque jour, à la grande admiration des financiers et des économistes, entre les négociants de Londres, dans le *Clearing house* de la Cité. Parce qu'il a été payé réellement en totalité, d'une vente qu'il ne croyait pas devoir être réalisée, l'agioteur a-t-il, pour cela, cessé d'être agioteur ?

Il n'y a donc aucune distinction à faire entre la spéculation et l'agiotage ; on peut dire seulement que le second acte est une exagération du premier ; on pourrait ajouter que la spéculation est l'agiotage simple, et que l'agiotage est la spéculation à son dernier degré (?)

La séparation que nous venons d'établir est nécessaire, on le comprend maintenant ; elle a pour résultat de dégager le commerce d'une solidarité dangereuse et qui l'a, plus d'une fois, compromis ; car, c'est en le confondant avec la spéculation qu'on a été amené à le déclarer improductif, à lui attribuer la responsabilité des désordres résultant des priviléges, des monopoles et du système mercantile qui lui a emprunté son nom (?)

Peut-être aussi est-ce à ce renom de rapacité que lui a valu la spéculation que cette branche du travail doit de s'être vue méprisée, et chez tant de peuples et pendant si longtemps. »

Il serait cruel d'insister sur cet article qui restera — *dans le temps et dans l'espace* — comme un monument de la prétentieuse — inexpérience — des économistes en matière commerciale. Résumons-le cependant :

Ainsi, transporter des marchandises d'un lieu dans un autre, à la condition de les acheter au départ, et de les vendre immédiatement à l'arrivée, c'est faire du commerce proprement dit ; mais, *conserver* ces marchandises pour les revendre plus tard, c'est faire acte de spéculation, d'agiotage, et un tel acte doit être flétri, sinon réprimé. Telle est la doctrine des successeurs de Turgot et d'Adam Smith : nous ne nous arrêterons pas à la réfuter ; il nous suffit, comme on le verra plus tard, d'avoir constaté ce fait de la *conservation* des marchandises par une classe spéciale d'individus : commerçants ; spéculateurs ou agioteurs, peu importe.

Les économistes continuent à raisonner sur le commerce tel qu'il se pratiquait au xviie siècle, alors que Savary publiait le *Parfait Négociant* (1675), et Barrême, son *Livre du Grand Commerce* ; deux ouvrages qu'on ne connaît pas assez, et qui devraient servir de type à tous ceux qui écrivent sur la matière.

La théorie et la pratique du commerce ordinaire étaient alors parfaitement faites et on n'y a rien ajouté d'essentiel (*).

On savait que le commerce avec des populations arriérées ou demi-sauvages était lucratif et n'exigeait pas une science bien

(*) Cette critique des économistes ne doit pas nous faire méconnaître les services qu'ils ont rendus principalement au siècle dernier en démontrant l'inaptitude radicale des gouvernements à diriger le mouvement industriel et commercial, et même à y intervenir d'une manière quelconque. En outre leurs judicieuses observations sur la division du travail, la monnaie, le crédit, les banques, la population, etc., etc., ont contribué à éclaircir divers points de l'économie sociale ; mais ces aperçus qui ne se rattachent les uns aux autres par aucun principe général, ne sauraient constituer, comme ils ont la prétention de le dire, une véritable science. Ils nesont pas en possesion de cette méthode féconde à l'aide de laquelle toute science digne de ce nom étend incessamment son domaine. Aussi, depuis Adam Smith, n'ont-ils fait aucuns progrès réels. Le titre même d'*Économie politique* qu'ils donnent à l'ensemble plus au moins didactique de leurs travaux, ne répond pas au programme qu'ils se sont tracé et dont ils excluent rigoureusement la politique, ce qui est contradictoire. Toute société s'organise en vertu d'une certaine *économie naturelle*, qui se produit spontanément ; l'intervention du gouvernement dans cette économie naturelle forme *l'économie politique*, et si le gouvernement n'intervient pas, ce qui est le *desideratum* des économistes de notre époque on a tout autre chose que de *l'économie politique;* c'est pourquoi quand un auteur met sur un traité élémentaire : *Premières notions d'économie politique* ou *sociale,* il prouve tout simplement qu'il ne connaît pas l'histoire et les origines de la chose sur laquelle il va discourir, et dont il n'est pas inutile de dire ici quelques mots au point de vue même du commerce et de l'industrie, qui sont en cause puisque les économistes prétendent y gouverner.

Au milieu de ce grand désordre qui accompagne la décomposition de l'empire de Charlemagne, dans cette immense et universelle terreur qui domine les esprits à la fin du Xe et au commencement du XIe Siècle,

profonde ni une moralité bien scrupuleuse. Entre les nations
civilisées, les entraves de toute nature que l'*économie politique*
d'alors apportait dans les relations des peuples et des individus ,
faisaient que les marchandises d'échange, toujours offertes sur
les lieux de production, étaient toujours demandées sur les lieux

chacun, le faible surtout, sent le besoin de se serrer contre ses pareils ;
on s'organise comme on peut pour la résistance ou la protection communes. Les anciennes ghildes germaniques, avec leurs formes mysté-
rieuses, leur tutelle pour les affiliés, leurs réglements impitoyables pour
les traîtres, s'adaptent, avec le patronage du clergé et sous l'invocation
des saints, aux formes des corporations ou colléges d'ouvriers d'origine
Romaine.

De là naissent les confréries de commerce et d'arts et métiers , dont
le berceau, de même que celui des communes jurées, fut le nórd de la
France actuelle , d'où l'institution gagna les villes d'outre-Rhin , où elle
s'est conservée jusqu'à nos jours. Ces grandes corporations, qui plus
tard deviennent rétrogrades, sont à leur origine un progrès et un bienfait ;
propagées rapidement sur toute la surface du sol, communiquant les
unes aux autres par les voyages incessants des apprentis et des com-
pagnons, elles contribuent puissamment, indépendamment d'autres services spéciaux, à ce grand mouvement d'affranchissement des communes, si
rapide, quand on se figure l'état des moyens de communication à cette
époque. Puis, quand ce travail est terminé, commence celui de la concentration autour d'un chef unique des divers élémens qui formeront
plus tard la nation française ; c'est vers le Roi que se tournent tous les
regards ; il est déjà, dès le XIIIe siècle, le souverain juge de tous les con-
flits ; il lui importe d'introduire un certain ordre, une certaine *économie*
dans ses états et dans ceux qu'il s'annexera successivement.

Il lui faut respecter les droits qu'il trouve établis, concilier des exi-
gences de toute sorte plus ou moins hostiles les unes aux autres, et avec
lesquelles il doit lui-même compter ; c'est la *politique* qui lui impose de
reconnaître les priviléges des marchands, des artisans, des villes, des
provinces ; et de les concilier autant que possible les uns avec les autres ;
c'est la *politique* qui préside à ces nombreuses ordonnances royales sur

de consommation. Le difficile n'était pas de savoir acheter et vendre, mais de partir et d'arriver. Il y avait peu de concurrence, et, pour ainsi dire, pas de grands marchés. Le commerce opérait principalement sur quelques produits de fabrication , quelques épices et quelques matières premières relativement

l'industrie, les métiers, le commerce, les douanes intérieures et extérieures, etc., etc. De cette économie sociale et naturelle, qu'il trouve installée, le gouvernement fait de *l'économie politique* selon l'acception propre que lui attribue Montchrestien (1615), l'inventeur du nom.

Plus tard quand la concentration nationale sera faite, que les motifs *politiques* qui ont dicté ces ordonnances et ces réglements seront oubliés, que l'expérience aura montré les vices de cette économie naturelle et spontanée comme ceux de la monarchie elle-même, les critiques auront beau jeu pour signaler des abus, demander des réformes devenues inévitables, et auxquelles ne savent jamais se soumettre, sans résistances, des corporations constituées.

Les économistes sont les *critiques de l'économie politique* antérieure à laquelle ils n'ont pas substitué une *économie politique* nouvelle : loin de là, ils professent que les gouvernements doivent s'abstenir de toute immixtion dans les affaires industrielles et commerciales, et qu'il faut abandonner celles-ci à leur développement naturel, ce qui a encore d'autres dangers sociaux, et ce qui est incompatible avec la notion même de science qui a pour but d'apprendre à exercer une action rationnelle sur les phénomènes naturels pour les améliorer à notre profit.

La connaissance des lois naturelles qui président au développement des sociétés, constitue une *science* qu'on pourrait appeler *l'économie sociale*, mais *l'économie politique* est l'ART d'appliquer les lois abstraites de l'économie sociale, aux circonstances concrètes et multiples qui ne sauraient rentrer dans aucune formule simple, et dont l'appréciation, plus ou moins appropriée, constitue le génie de l'homme d'État. De nos jours *l'économie politique* classique, est un amalgame mal défini d'économie sociale, d'économie industrielle ou commerciale, d'économie politique, et d'économie domestique plus ou moins banale, le tout assaisonné d'une métaphysique qui n'a rien à envier aux puérilités scholastiques du moyen-âge.

rares et chères ; et le fin fond de la science du négociant d'alors consistait à savoir augmenter ses profits par le trafic dés changes, c'est-à-dire par la Banque proprement dite qui, en réalité, résume tout le commerce, puisque toute opération se traduit finalement par une comparaison de monnaies entre elles. Mais les choses ont bien changé depuis lors ; et le commerce a progressé comme le reste, sans s'inquiéter des économistes qu'il laissait en arrière.

Le grand phénomène économique qui caractérise notre époque, et que n'avaient pu entrevoir Savary, Barrême, Quesnay, Adam Smith, ni Turgot, c'est le fait de cette accumulation toujours croissante de capitaux, de marchandises, de provisions en un mot, qui coïncide avec un immense développement des voies de communication par la vapeur et l'électricité, et qui modifient singulièrement les conditions du commerce, telles qu'elles existaient il y a deux siècles.

En toute chose, aujourd'hui, la production dépassé de plus en plus les besoins immédiats de la consommation ; la société a devant elle pour un an ou deux de provisions de toute nature ; sur tous les grands marchés il y a, et il doit y avoir du flottant. *L'offre* excède la *demande*. Par quel mécanisme ce *flottant* peut-il être maintenu en suspension de façon à prévenir les paniques et les crises, en assurant l'ordre tout eu respectant la liberté, par la satisfaction des intérêts de chacun, tel est le problème moderne dont nous allons essayer d'ébaucher la solution, non pas en créant de toutes pièces un système nouveau, mais en observant et décrivant les choses telles qu'elles se passent, quoique encore inaperçues, et nous bornant à les dégager des épiphénomènes qui les masquent et des abus inséparables de toute évolution nouvelle.

Peut-être trouverons-nous dans cette voie la vraie science du commerce et les bases de l'enseignement qu'on s'efforce de constituer.

Le grand commerce se fait entre les producteurs de matières premières et les industriels qui transforment ces mêmes matières, parce que les uns et les autres opèrent sur des masses considérables de produits. Ceux-ci s'achètent et se vendent suivant les cours toujours mobiles des marchés ; et souvent la différence entre les marchés voisins de la production et ceux voisins de la fabrication, ne représentent que les frais de transport de l'un et de l'autre, d'assurance et de change. C'est ce qui fait que le négociant en gros doit être en même temps affréteur et banquier. Quoiqu'il en soit, cette marchandise ne passera jamais immédiatement des mains du commerçant qui l'apporte dans l'usine du fabricant qui la transforme pour la livrer à la consommation. — Il y a et il doit toujours y avoir sur place un stock plus ou moins considérable, dont la quantité comme le prix sont soumis à des influences de toute nature. Il faut emmagasiner, conserver ces marchandises qui s'altèrent plus ou moins avec le temps, dont quelques-unes, comme on dit, *brûlent les doigts des détenteurs* réels ou des courtiers qui s'entremettent dans ces transactions; de là les modes et les procédés spéciaux qui se sont introduits spontanément dans le grand commerce; procédés qui apparaissent pour la première fois à Amsterdam dès le XVIᵉ siècle, et qui constituent le véritable progrès du commerce moderne, dont on n'a vu que les abus.

Il ne s'agit pas de former des détaillants ; dans tous les pays du monde il y en a trop, partant beaucoup d'inutiles, qui grèvent la société de frais généraux, et ce n'est pas une des moindres causes du renchérissement des produits; d'ailleurs leur éducation commerciale est bien simple, et point n'est besoin pour eux d'écoles spéciales; quelques notions sommaires d'arith-

métique et de comptabilité, quelques années d'un apprentissage
indispensable constituent toute la préparation qui leur est nécessaire.

Ce qu'il s'agit de former, ce sont des négociants en gros dont
il n'y a pas assez, c'est-à-dire des hommes disposant de cette
force sociale qui s'appelle le capital, et qui est tout aussi difficile à aménager et à manœuvrer que toute autre force naturelle pour laquelle il faut des ingénieurs spéciaux. C'est en effet
l'éducation du capital qu'il importe de faire, afin qu'il puisse
remplir dignement la grande fonction qui lui appartient, et qui
consiste, selon la double acception du mot Providence, à *prévoir* les besoins généraux de la société, et à y *pourvoir*.

L'enseignement commercial et financier n'est donc plus une
simple question d'intérêt individuel, qui ait pour but d'apprendre
à quelques-uns le moyen de faire ou d'augmenter leur fortune
plus ou moins vite ; c'est une question d'intérêt social au premier
chef, et la science qui apprend à manœuvrer les capitaux et les
produits pour les faire concourir à l'accroissement de la richesse
collective et du bien-être commun, est plus difficile et plus haute
que celle qui enseigne à manœuvrer des armées et des canons
pour la destruction, le pillage et la ruine.

On verra par le programme que nous en traçons à la fin de
cet opuscule, et par ce travail lui-même, que la science commerciale et financière, qui opère sur les sociétés et les individus, n'a rien à envier à celle des ingénieurs qui aménagent
les forces physiques et la matière inorganique.

Nous ne sommes pas les premiers à dire qu'une société est
un grand organisme où chaque individu a son rôle et sa fonction.
Les devoirs de chacun sont d'autant plus grands que les forces
dont il dispose, et qui lui sont confiées, sont plus considérables,

et le premier de tous est de connaître la place qu'il occupe et le
rôle qu'il doit jouer, soit comme entrepreneur d'industrie agricole ou manufacturière, soit comme négociant chargé de concentrer, conserver et distribuer les produits.

Nous allons essayer d'esquisser en quelques traits le tableau de
ce grand mécanisme social, qui, tout imparfait qu'il soit encore,
ne commence pas moins, pour un observateur attentif, à se dégager de l'ensemble des faits actuels.

Tout ce que nous allons décrire se pratique déjà, très-incons-
ciemment, il est vrai, mais le jour où un enseignement sérieux
propagera de telles notions, les rapports des divers organes de
la production, de la transformation, de la conservation et de la
circulation sociale, ne tarderont pas à se régulariser au profit de
tous et de chacun. La division du travail et des fonctions n'est
pas moins nécessaire dans la société que dans l'industrie privée,
et c'est par le commerce surtout que s'introduit dans le monde,
comme nous allons le voir, cette conciliation si difficile de l'ordre et de la liberté !

ÉCONOMIE SOCIALE

PRINCIPES FONDAMENTAUX.

I.

La première condition de tranquillité sociale repose sur cette conviction que l'existence matérielle est pleinement assurée.

II.

Pour avoir cette conviction, il ne suffit pas de savoir qu'il existe *seulement assez* de marchandises, de produits ou de capitaux, de provisions en un mot, il faut qu'on sache QU'IL Y EN A TROP.

III.

La conviction ne peut être complète qu'autant que cet excédant de provisions *apparaît à l'état flottant* sur le marché ; car tant qu'il reste dans les caves, les greniers ou les caisses, c'est comme s'il n'existait pas pour le public, puisque le détenteur peut l'y retenir à son gré.

IV.

Or, cette apparition du *flottant* dans les sociétés modernes est un fait tout récent et dont on n'a point encore étudié le rôle économique. Le grand mécanisme commercial et financier qui maintient ce flottant en circulation n'existe qu'à l'état rudimentaire et n'a été ni compris ni décrit. Il n'y a qu'une théorie vraie de la circulation sociale moderne qui puisse tracer la voie au mouvement économique et financier, de façon à éviter cet énorme gaspillage de forces et de richesses qui se produit dans le désordre actuel des idées.

MÉCANISME GÉNÉRAL DE LA CIRCULATION
DES MARCHANDISES ET DES VALEURS.

I.

Entre la production de la matière première et la consommation des produits fabriqués, les marchandises passent:

Du producteur de la matière première au négociant en gros de cette même matière;

Du négociant en gros au fabricant qui la transforme en produits manufacturés;

Du fabricant au commerçant en marchandises fabriquées.

Et de ce commerçant aux mains du consommateur qui garde ou détruit.

La même matière passe donc, en général, deux fois dans le commerce: la première fois, à l'état brut; la seconde fois, à l'état manufacturé.

II.

En raison de leur extrême variété, du peu d'importance
relative de la masse de chaque sorte, les produits manufacturés
n'ont pas de *marché* à l'exception de quelques-uns qui sont
assimilables aux produits bruts et qui se traitent comme tels :
farines, alcools, sucres, etc.

Ils descendent du fabricant au consommateur par une pente
naturelle et plus ou moins rapide *mais qu'ils ne remontent
jamais*.

Bien qu'ils soient toujours en excès sur les besoins immédiats, leur excédant n'est pas à *l'état flottant*; il se représente
par les engagements à sommes et à termes fixes, non résiliables,
souscrits par le commerce à la fabrication et à la production, lesquels escomptés en numéraire ou en billets de Banque, recons-
tituent le capital roulant du commerçant, du manufacturier et
du producteur, en attendant que la consommation ait *effectivement* payé les produits.

III.

Quand la matière première existe, la Société ne se préoccupe
pas de sa transformation en produits fabriqués, car elle sait que
la main-d'œuvre ne saurait jamais manquer; mais elle se préoccupe à juste titre de la production qui est plus ou moins indé-
pendante de l'action humaine.

C'est pourquoi il importe que l'approvisionnement en matières premières soit toujours surabondant, QUAND MÊME UNE
CERTAINE PORTION DEVRAIT EN ÊTRE PERDUE, à titre de *prime
d'Assurance* de la sécurité publique.

C'est pourquoi aussi, l'approvisionnement *tout entier* doit
apparaître à l'état flottant sur le marché, afin qu'on ne doute

aucunement de son existence réelle. Telle est la nécessité sociale du *flottant*.

IV.

C'est dans ce flottant que vient puiser le fabricant qui est en rapport plus ou moins direct avec la consommation dont il connaît les besoins, et que le producteur vient verser ses produits. La masse de ce flottant doit être assez considérable pour qu'aucun intérêt individuel ne puisse exercer une influence sérieuse sur ses fluctuations, qui, dans un état normal, restent uniquement soumises à des causes générales, indépendantes de chacun en particulier, mais contre lesquelles il importe à chacun de se prémunir par une *assurance* d'une nature spéciale.

V.

L'acheteur réel de la matière première, qui est un fabricant, a besoin d'*assurer* l'approvisionnement de son usine, pour un temps plus ou moins long et à un prix déterminé. Il fera donc nécessairement des *marchés à terme* pour n'avoir à prendre livraison de la marchandise, et à la payer en même temps qu'il la reçoit, qu'aux époques convenues.

VI.

Mais, en raison de la fluctuation des cours de la matière première qu'il manufacture, et des variations que peut subir la consommation de ses produits, le fabricant qui n'achète qu'au comptant et au fur et à mesure de ses besoins, ou qui achète à terme par des *marchés fermes* est exposé à des dangers divers, dont le moindre est de ne pouvoir asseoir ses prix de revient, et qui peuvent être beaucoup plus graves ou entraîner sa ruine dans certains cas.

En effet, s'il n'achète qu'au fur et à mesure de ses besoins les matières premières qu'il manufacture, il va se trouver, en cas de hausse, exposé à ne pouvoir soutenir la concurrence avec des rivaux qui se seraient antérieurement approvisionnés par des *marchés fermes à terme*, dans des conditions meilleures.

S'il s'est, au contraire, approvisionné par des marchés fermes, qui l'obligent à prendre livraison, il peut, en cas de baisse, se trouver dans l'impossibilité de lutter contre des concurrents qui auraient attendu pour faire leur approvisionnement.

Son industrie, par les seuls marchés fermes, se trouve donc soumise à des conditions *aléatoires* auxquelles il lui importe de se soustraire (1). »

VII

C'est ce qui se fait au moyen des *marchés libres* dits *marchés à primes* par lesquels le fabricant achètera tout ou partie de la marchandise dont il peut avoir besoin, mais sous cette condi-

(1) Lorsque la matière première qu'il achète, et la marchandise qu'il fabrique ont toutes deux un cours, comme dans la meunerie, la filature etc., le manufacturier qui n'opère que par marchés fermes doit constamment se *couvrir* par ce qu'on appelle un *arbitrage* qui consiste à acheter la matière brute et vendre en même temps la matière fabriquée ; en temps ordinaire, l'écart des prix constitue la rémunération de son travail de fabrication ; en cas de baisse, la matière fabriquée se déprécie toujours dans une proportion beaucoup plus forte que la matière brute ; ainsi qu'on peut l'observer constamment pour les blés et les farines, les cotons et les filés etc., etc. Ce qui est inévitable, car la fabrication ne peut pas se ralentir ou se suspendre aussi vite que la consommation réelle ou fictive. Par conséquent le manufacturier qui se couvre par un tel arbitrage et par des marchés fermes, s'est *assuré* contre l'éventualité de la baisse, puisqu'il trouve un bénéfice en rachetant tout ou partie de la marchandise fabriquée, et en vendant tout ou partie de la matière brute selon ses intérêts du moment.

tion que, moyennant l'abandon d'une *prime* ou dédit qu'il paie, il pourra résilier son marché, tandis que son vendeur sera toujours tenu de lui livrer la marchandise, s'il est de l'intérêt de l'acheteur de réclamer livraison (1).

(1) Ces marchés libres s'appellent aussi *marchés à primes à livrer* et *marchés à prime à recevoir ;* ils se sont introduits spontanément sur les grandes places maritimes en raison même des nécessités du commerce. Pour se bien rendre compte de la position respective des contractants dans ces sortes de transactions, il importe d'en prendre les formules à une époque aussi voisine que possible de leur instruction.

Voici comment elles se présentaient, tout imprimées, chez les libraires d'Amsterdam , à la fin du xvii° siècle.

Pour les *primes à livrer :*

« Je soussigné , confesse avoir *reçu* du *porteur* la somme de 150 florins , argent courant, pour laquelle prime je m'engage et m'oblige à *livrer*, dès à présent et à toute heure, jusqu'au 1er janvier 1695 et ce jour-là inclus , 10,000 livres d'amidon de Hollande, bon et valable, au prix de 16 florins , argent courant , les 100 livres , à *payer comptant* et selon l'usage ordinaire ; mais si le porteur ne m'annonce pas de lui *livrer* lesdites 10.000 livres d'amidon, entre ce jourd'hui et le 1er janvier 1695 et ce jour-là inclus, je serai libre et déchargé du présent contrat, et la prime me restera, sans que je puisse jamais la restituer ou qu'on puisse me la redemander.

» Ainsi fait, de bonne foi, à Amsterdam, le 6 janvier 1694.

N. »

La formule des *primes à recevoir* était la suivante :

« Je soussigné confesse avoir *reçu* du *porteur* la somme de 150 florins , argent courant, pour laquelle prime je m'engage et m'oblige à *recevoir*, dès à présent et à toute heure jusqu'au 1er janvier 1695 et ce jour-là inclus, 10,000 livres d'Amidon de Hollande, bon et livrable au

VIII

Dès lors, si la matière première a haussé, que la fabrication et la consommation aient marché comme on l'espérait, le fabricant prend livraison, soit à l'époque convenue, soit même

prix de 16 florins, argent courant les 100 livres, à payer comptant et selon l'usage ordinaire ; mais, si le porteur du présent ne m'annonce pas de recevoir les 10,000 livres d'amidon entre ce jourd'hui et le 1ᵉʳ janvier 1695 et ce jour-là inclus, je serai libre et déchargé du présent contrat, et la prime me restera sans que je puisse jamais être obligé de la restituer ou qu'on puisse me la redemander.

Ainsi fait et de bonne foi, à Amsterdam, le 6 janvier 1694.

N. »

La remarque fondamentale qu'il y a à faire sur ces formules, c'est que celui qui *donne la prime* est anonyme, son nom importe peu au contrat, tandis que celui qui la *reçoit* est censé pouvoir tenir l'engagement qu'il contracte. Il a donc du *crédit*, par conséquent du capital ; c'est, en effet, le négociant en gros, toujours en position d'acheter, de garder et de livrer.

L'endos du donneur de prime sur un semblable contrat ne sert qu'à établir, entre les mains du tiers porteur, que le contrat n'a pas été volé.

Le mot *prime* a diverses acceptions ; ce qui introduit une certaine confusion dans le langage financier et commercial. Ainsi, on appelle également *prime* la plus-value d'un titre sur sa valeur nominale. Dans le sujet qui nous occupe, le mot prime doit être entendu dans le sens qu'il a en matière d'assurance ; et c'est, en effet, son véritable sens. M. Thiers, dans sa remarquable étude sur Law, a attribué à ce dernier l'invention des marchés à prime. Cette erreur a été reproduite depuis dans la plupart des ouvrages qui ont été écrits sur la Bourse. Elle provient de la confusion avec les primes, — plus-value, — que Law n'a pas plus inventées que les autres.

antérieurement en *escomptant* son vendeur, et la hausse ne dérange pas, sinon avec bénéfice, ses calculs primitifs, et les engagements qu'il a pris.

Si, la hausse s'étant produite sur la matière brute, la fabrication a diminué ou a été interrompue d'une façon quelconque, le fabricant prendra encore livraison de la marchandise puisqu'il pourra s'en défaire avantageusement en la revendant sur le marché.

Si la baisse s'est produite, tandis que la fabrication marche bien, le fabricant abandonne sa prime, qui est déjà entrée dans son prix de revient, rachète à meilleures conditions sur le marché, soit au comptant, soit à terme ferme, soit à prime de nouveau, et se trouve encore en mesure de lutter contre des concurrents qui auraient fait leur approvisionnement en temps plus opportun.

Si la fabrication se suspend en même temps que survient la baisse de la matière première, le fabricant, abandonnant sa prime, ne prend pas livraison, et ne reste point chargé d'un stock de matières brutes qu'il ne saurait utiliser, ou qu'il ne pourrait revendre qu'avec une perte plus forte que sa prime.

Enfin, entre ces cas extrêmes de l'abandon complet de la prime, ou de la prise de livraison totale de la matière première, se produisent une foule de cas intermédiaires, qui donneront lieu à des combinaisons très-variées, où le fabricant pourra sauver tout ou partie de la prime avec laquelle il s'est assuré à tout événement.

IX.

Le producteur de la matière première se trouve dans un cas analogue mais inverse du précédent : les produits qu'il récolte ont aussi leur prix de revient, et il lui importe d'*assurer*, contre les fluctuations des cours, la rémunération légitime de son capital et de son travail.

Non-seulement il ne doit pas attendre pour vendre sa récolte, car *attendre* c'est *spéculer*, mais il aura toujours avantage à vendre, avant récolte, sa récolte probable, moyennant une prime qu'il paie, et qu'il se réserve d'abandonner si, à l'époque convenue, il est de son intérêt de ne pas livrer.

Or cette prime n'est pas la contrepartie de celle de l'acheteur, c'est la prime *inverse* ou *indirecte*, qui se fait sur le marché des farines, des grains, des alcools, etc., etc., et sur les valeurs dans les bourses étrangères. En bourse de Paris, c'est l'équivalent de la vente ferme couverte par un achat à prime, combinaison qui garantit le vendeur, en cas de hausse moyennant une somme qui représente l'écart de la vente ferme à l'achat à prime.

Et alors si le producteur, ainsi couvert, a récolté ce qu'il espérait, mais que la baisse soit survenue, il aura le droit de livrer au prix convenu.

Si, en même temps que la baisse, sa récolte est moindre que ce sur quoi il comptait, il rachète ce qui lui manque sur le marché et livre encore avec un certain bénéfice.

Si, au contraire, c'est la hausse qui survient, sa récolte personnelle étant plus ou moins abondante, il abandonne sa prime, vend directement sur le marché, et profite des avantages que lui offre l'ascension des cours.

Enfin dans tous les cas intermédiaires et selon ses intérêts du moment, il pourra racheter tout ou partie de ce qu'il a vendu à prime, le revendre de nouveau, etc., sans exposer davantage que la prime par laquelle il s'est couvert à tout événement.

X.

Ainsi, et contrairement à l'opinion reçue, c'est par les *marchés libres* dits à *primes* que le producteur et le fabricant *assurent* le fonctionnement régulier de leur travail et de leur industrie, tandis que les marchés au comptant, ou à terme ferme, les laissent exposés à toutes les éventualités de circonstances qu'ils ne peuvent prévoir, l'un pour ses débouchés, l'autre pour son approvisionnement.

Quel est l'assureur commun ?

XI.

C'est ici qu'apparaît le rôle social du capital et la raison d'être de la concentration de la richesse dans de certaines mains.

Le capital peut toujours attendre et, au besoin, chômer ; ce que ne sauraient faire ni le producteur ni le fabricant.

Par les marchés libres, le capital s'engage , moyennant une prime qu'il reçoit du producteur, à prendre livraison des produits en cas de baisse, et, moyennant une autre prime qu'il reçoit du fabricant , à les livrer à ce dernier en cas de hausse.

C'est à lui à calculer le montant de ces primes, soumises d'ailleurs à la loi de l'offre et de la demande, de façon à se couvrir de ses risques et à en retirer un légitime bénéfice.

En baisse il garde et attend ; il ne peut exagérer une dépréciation qui lui serait à lui-même funeste ; en hausse, il ne peut faire la loi à la consommation puisqu'il est à la disposition de l'acheteur.

Dans les cas moyens, qui sont les plus ordinaires, il récolte tout ou partie des primes qu'il reçoit à la fois du fabricant et du producteur, dont il assure ainsi la régularité du travail en même temps que la tranquillité publique, par la mise en circulation et le maintien à l'état flottant de toute la masse des produits.

XII.

Quant aux divers intermédiaires, courtiers entre le producteur, le capital et le fabricant, qui négocient les primes de l'un à l'autre et font le *marché* et le *cours* des engagements réciproques, leurs opérations se trouvent également assurées contre des risques illimités puisqu'ils ne peuvent perdre que des écarts ou des différences de primes, quand ils font vraiment leur métier.

Les intermédiaires ou courtiers, par cela même qu'ils font le *cours*, et qu'ils sont en rapport continu avec les divers agents de la production, de la conservation, de la fabrication et de la circulation, sont les régulateurs naturels des diverses fonctions sociales qu'ils stimulent ou modèrent selon les circonstances.

XIII.

Les valeurs mobilières, qui sont la représentation de tentatives plus ou moins heureuses des divers perfectionnements sociaux, sont assimilables aux matières premières, quant à leur mode de circulation, depuis le moment où elles sont créées jusqu'au moment où elles sont consommées par l'épargne.

Indépendamment des productions nouvelles, les valeurs antérieurement créées reviennent incessamment sur le marché par des causes naturelles et plus ou moins périodiques, de sorte qu'il y a toujours *un flottant* comme pour les marchandises ordinaires.

Ce flottant est absorbé d'abord par les capitaux également flottants, et maintenu en circulation par des procédés identiques à ceux décrits plus haut, jusqu'à ce qu'il soit reclassé dans l'épargne.

Il importe aux intérêts publics et privés que, dans les *circonstances ordinaires*, les fluctuations du marché soient maintenues dans de certaines limites; et, en effet, grâce aux *marchés à prime*, la baisse s'arrête nécessairement au cours le plus bas d'abandon des primes; la hausse ne saurait guère dépasser, à chaque échéance dite de liquidation, le cours où les plus hautes primes sont levées et deviennent du ferme, puisque l'excédant, non absorbé par l'épargne, se trouverait forcément alors rejeté sur le marché.

XIV.

Ainsi, la circulation sociale exige des réservoirs où le flottant puisse toujours rentrer et dont il puisse nécessairement sortir par le libre jeu des intérêts et des besoins. C'est au moyen des *marchés libres* dits *à primes* que ces réservoirs sont toujours remplis et toujours ouverts et que tend à se réaliser le grand principe du monde industriel : L'ORDRE DANS LA LIBERTÉ.

XV.

C'est dans ce mécanisme que se trouvent la démonstration réelle et positive de la nécessité du capital, et la raison d'être de la richesse individuelle, soit comme réservoirs passifs, soit comme moteurs efficaces : en vertu de cet autre principe qui régit le monde vivant et qui veut que toute fonction soit exercée par un organe, et que tout organe ait ce qui lui est nécessaire pour exercer sa fonction; ce qui implique la consécration sociale de la propriété, et la réfutation des sophismes qui tendent à en discuter l'origine, tandis qu'il faudrait seulement en contrôler l'emploi.

DES

OPÉRATIONS DE GRAND COMMERCE

SUR LES MARCHANDISES ET LES VALEURS.

Bien que le mécanisme que nous venons de décrire soit encore très-imparfaitement réalisé en raison de ce qu'il est très-peu connu, qu'il fonctionne souvent à vide et sur des objets qui ne sont aucunement la représentation de véritables richesses, on ne saurait méconnaître son existence ni la possibilité de l'améliorer pour lui faire servir de base à l'institution du véritable *crédit : Agricole, Industriel, Commercial* ou *Financier*, QUI EST ENCORE A NAÎTRE; mais dont il serait prématuré de tracer actuellement la voie.

Si nous entrons plus avant dans l'analyse des conditions qu'exige la tranquillité sociale, au point de vue de l'existence matérielle, nous trouvons que celle-ci n'est pleinement assurée qu'autant que l'accumulation des produits permet de satisfaire :

1° A tous les besoins *immédiats ;*

2° Aux besoins *futurs et* PROBABLES pendant un certain laps de temps ;

3° Aux besoins *futurs et* POSSIBLES pendant un laps de temps plus considérable.

Cette accumulation des produits se répartit :

1° Entre les marchands au détail dont l'approvisionnement correspond plus ou moins aux besoins actuels et immédiats ;

2° Entre les commerçants en demi-gros, qui ont en mains ou qui se sont mis en mesure d'avoir la quantité de produits qui correspond plus ou moins aux besoins futurs et probables ;

3° Entre les gros négociants qui disposent d'un grand capital et d'un grand crédit, et qui concentrent entre leurs mains toute la masse des produits correspondant aux besoins *possibles,* ce qui constitue le *flottant*.

De là aussi trois sortes de marchés :

1° Les *marchés au comptant* pour satisfaire aux besoins immédiats.

2ᵉ Les *marchés fermes à terme* par lesquels on s'assure du renouvellement de l'approvisionnement en vue des besoins probables ;

3° Les *marchés à terme et à primes* pour faire face, s'il y a lieu, aux besoins de la consommation possible (1).

(1) C'est aux Bourses de Paris, de Londres ou d'Amsterdam, et sur un fonds d'État qu'il faut en étudier les rouages ; on ne saurait s'en faire une *idée nette* sans recourir à cet admirable procédé que nous a légué le père de la science et de la philosophie moderne, René Descartes, dans son discours de la Méthode :

« Puis, ayant pris garde que, pour les connaître (rapports, propor-
« tions, spéculations quelconques), j'aurais quelquefois besoin de les
« considérer chacun en particulier et quelquefois de les réunir ou de
« les comprendre plusieurs ensemble, je pensai que, pour les considérer
« mieux en particulier, je devais *les supposer en des lignes*. A cause
« que je ne trouvais rien de plus simple ni que je pusse plus directe-
« ment représenter à mon imagination et à mes sens, mais que, pour les
« retenir ou les comprendre plusieurs ensemble, il fallait que je les ex-
« pliquasse par quelques chiffres les plus courts qu'il serait possible,
« etc., etc., etc. »

Historiquement et logiquement, l'ordre dans lequel apparaissent ces trois sortes de marchés correspond aux diverses phases du développement de la richesse sociale, résumées dans les trois grandes institutions de la Monnaie, de la Banque et de la Bourse des marchandises ou des valeurs.

Le grand commerce qui se fait entre négociants en gros, producteurs de matières premières, fabricants qui transforment ces mêmes matières en produits industriels, intermédiaires ou courtiers, opère sur des masses considérables de marchandises ou de valeurs ayant un *cours* et un *marché*.

En raison de la nature spéciale des engagements dits *marchés libres* dont nous avons montré la nécessité, les uns et les autres ne sont pas seulement soumis à de simples variations de prix, mais, selon les cours, et *sans qu'ils aient modifié par aucune opération nouvelle leurs opérations antérieures,* ils voient varier en même temps leurs rôles respectifs d'acheteurs ou de vendeurs, les quantités, les prix, les bénéfices et les pertes sur la même marchandise.

Dès lors leur *situation* n'est pas du tout celle des marchands ordinaires ; on ne peut plus la représenter par un nombre, somme ou différence ; il n'y a qu'une *figure*, tracée sur un tableau construit d'une certaine façon qui puisse en donner une idée nette.

Pour connaitre sa *situation*, il faut apprendre à en *dresser la carte* exactement comme le marin qui doit relever à chaque instant le point où il se trouve, consulter le vent et diriger sa manœuvre en conséquence. Plus tard, avec l'habitude et la pratique, cette situation se formera d'elle-même dans l'esprit, ou les résultats principaux s'écriront immédiatement sur un carnet sans avoir besoin de recourir au procédé qui a servi à l'enseignement.

Il n'y a pas d'explications orales, écrites en langage ordinaire, ou en chiffres, qui puissent tenir lieu d'une carte qui parle immédiatement aux yeux. C'est pourquoi tous les ouvrages qui ont paru jusqu'ici sur les opérations de grand commerce ou de Bourse ont été impuissants à faire comprendre, même à des esprits très-éclairés, les combinaisons les plus simples qu'on ne parvenait à apprendre très-incomplètement que par une pratique le plus souvent ruineuse pour celui qui la tentait.

En ceci, comme en tout, il faut une méthode qui conduise graduellement du simple au composé, qui s'adapte à tous les cas et rende compte de tous les faits.

TABLEAU FONDAMENTAL

Représentation d'un bénéfice ou d'une perte. — Le cours. — La cote.

La *Carte de situation* du commerçant en gros ou du spéculateur est formée à peu près comme les cartes géographiques ordinaires, par des lignes équidistantes, perpendiculaires les unes aux autres. Chacun peut la faire soi-même à l'aide de ces papiers quadrillés qu'on trouve chez tous les papetiers (1). Pour la préparer, on prend une des lignes horizontales, et, au-dessous de chacune des intersections des perpendiculaires à celle-ci, on inscrit, de gauche à droite, tous les prix successifs de 2 1/2 en 2 1/2 ou de 5 en 5 centimes, s'il s'agit d'une rente, de 1.25 en 1.25, de 2.50 en 2.50, de 5 fr. en 5 fr. s'il s'agit d'une action ou obligation, ou de 1/8 en 1/8, de 1/4 en 1/4, selon les habitudes spéciales du marché sur lequel on opère. Cette ligne ainsi prépa-

(1) On trouvera chez notre éditeur ou à l'Institut polytechnique, 97, rue Richelieu, ces tableaux tout préparés.

rée s'appellera la *ligne des cours*. Elle forme pour ainsi dire l'*équateur* de notre carte. Il est évident qu'on n'a besoin de prendre que la portion de ces cours correspondant aux limites extrêmes de variations des prix dans un temps donné. Ainsi, dans le tableau ci-dessous, fig. 1, la ligne des cours ne contient que les cours successifs de 5 en 5 centimes compris entre 56 et 57,60 et, pour éviter la confusion, on n'a numéroté ces cours que de deux en deux.

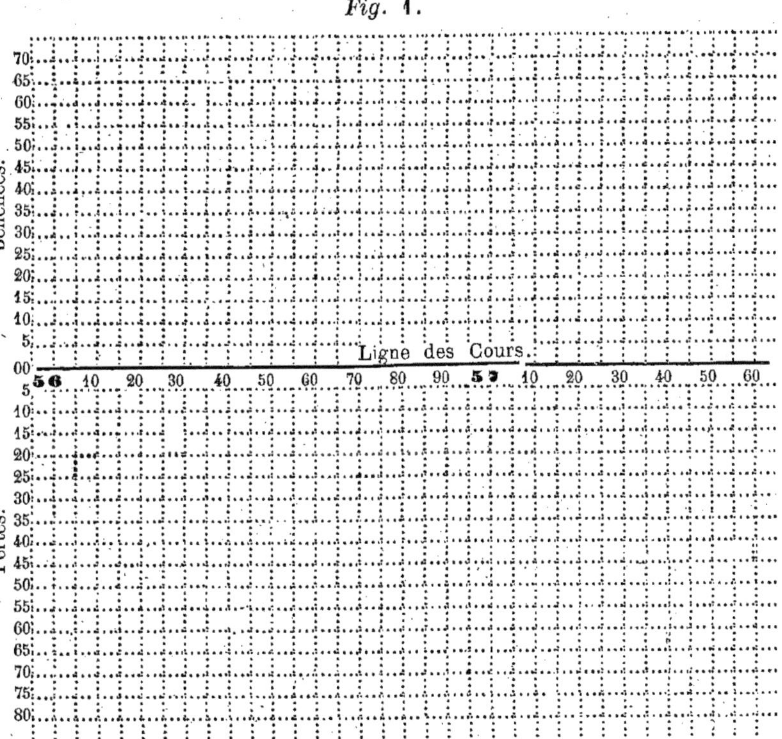

Fig. 1.

Les perpendiculaires correspondantes à chacun de ces cours

représentent pour ainsi dire les longitudes ou les méridiens de ces cours dans toute l'étendue du tableau.

Les parallèles à la ligne des cours sont numérotées à partir de celle-ci selon les nombres successifs de 5 en 5 et forment, comme on le voit, deux échelles, l'une ascendante vers le haut du tableau, l'autre descendante vers sa partie inférieure.

L'échelle ascendante correspond à des bénéfices croissants de 5 en 5 centimes à partir de la ligne du cours, et l'échelle descendante correspond à des pertes qui vont également en croissant de 5 en 5 centimes à partir de la même ligne. Ce sont, pour ainsi dire, les *latitudes* des bénéfices et des pertes.

Si la ligne des cours était divisée par 2 1/2 centimes ou par 1 fr. 25, ou par 2 fr. 50, ou par 5 fr., ou par huitième, ou par quart, les deux échelles ascendantes et descendantes devraient être numérotées de la même manière à partir de la ligne des cours sur laquelle se trouve leur zéro commun. Il est évident aussi qu'on ne prendra de ce tableau que la portion nécessaire aux bénéfices ou aux pertes possibles dans un délai donné et pour les opérations qu'on a faites.

Ceci établi, on pourra donc, sur un pareil tableau, déterminer un bénéfice ou une perte quelconque à tous les cours possibles. Il suffira de déterminer le point d'intersection de la perpendiculaire passant par un cours donné avec la parallèle exprimant le bénéfice ou la perte également donnée : exactement comme on détermine un point en géographie quand on donne sa latitude et sa longitude.

Sur un marché quelconque, comme à la Bourse, le *cours* est le prix d'une certaine quantité de marchandises ou de valeurs prise pour unité de transactions. Ainsi on *cote* le cours d'une marchandise par 100 kilogrammes, ou par hectolitre, ou par tonne, ou par un certain nombre de pièces.

En valeurs mobilières, l'unité *cotée* est : pour les rentes, le taux de l'intérêt nominal, soit 3 francs dé rente pour le 3 0/0, 5 francs pour le 5 0/0, etc., etc., ou *une* action ou *une* obligation ; mais les opérations de spéculation proprement dite ne portent que sur des quantités conventionnelles de l'unité cotée, soit sur 500 fois 3 francs ou 5 francs de rente, et les multiples de 500, soit sur 25 actions ou obligations et les multiples de 25 ; et, comme les résultats sont toujours proportionnels aux quantités qu'on prend de l'unité, c'est sur cette unité elle-même qu'on doit opérer, sauf à multiplier les résultats obtenus par la quantité voulue. Nous allons prendre tous nos exemples sur la rente 3 0/0, mais ce que nous allons dire sera *exactement* applicable à toute espèce de marchandise ou de valeur *ayant cours.*

SITUATIONS SIMPLES.

Les opérations de commerce sur les marchandises ou les valeurs se font au *Comptant* ou à *Terme*.

Les opérations *au comptant* s'accomplissent par l'échange pur et simple des marchandises ou valeurs contre la somme en espèces, qui en forme le prix, au moment même où se fait la transaction.

Dans les opérations *à terme* on convient à un certain moment de la quantité, de la nature et du prix de la chose vendue, mais on convient en même temps que la réalisation de la transaction, c'est à dire l'échange des marchandises ou valeurs contre espèces n'aura lieu qu'ultérieurement et à une époque déterminée.

Si on est convenu qu'aucune des parties ne pourra se dégager du contrat, on dira que l'opération est *ferme*.

Si l'une des parties peut s'en dégager en payant d'avance un dédit, on dira que l'opération est *à prime.*

1° Opérations fermes.

Achat et Vente de l'unité.

Un commerçant en valeurs mobilières achète par un contrat non-résiliable dit *marché ferme* 3 fr. de rente 3 0/0 au cours de 56.50 ; si le cours s'élève de 5, 10, 15, 20, 25 centimes, etc., la situation du commerçant, *par rapport à ce titre*, sera en bénéfice de 5, 10, 15, 20, 25 centimes, etc, ; si, au contraire, le cours baisse de 5, 10, 15, 20, 25 centimes, etc., la situation sera en perte des mêmes sommes. Si nous marquons sur notre *carte* les bénéfices correspondants aux cours 56.55, 56.60, 56.65, 56.70, 56.75, etc., et les pertes correspondantes au cours de 56.45, 56.40, 56.35, 56.30, 56.25, etc., etc., et que nous joignons tous ces points entre eux, on observera que la ligne qui les réunit est une ligne droite passant par le cours d'achat, qui est de 56.50, inclinée vers la droite, et formant la diagonale du premier petit carré à droite du cours d'achat au-dessus de la ligne des cours.

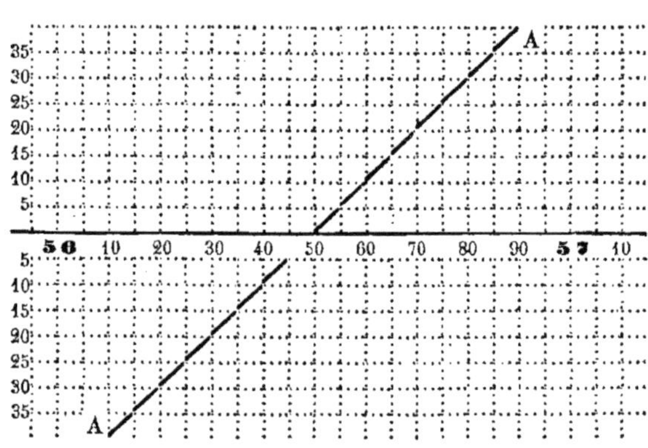

Fig. 2. — Achat ferme.

En appliquant le même raisonnement à un cours quelconque

et à une unité quelconque de marchandises ou de valeurs on obtiendra toujours la même figure de cette situation élémentaire.

Si l'on fait un raisonnement analogue pour le vendeur de ces mêmes 3 francs de rente au cours de 56 fr. 50, on verra que la figure des situations de ce dernier forme une ligne droite, passant par le cours de vente 56 fr. 50, inclinée vers la gauche et suivant la diagonale du 1er petit carré *à gauche* du cours et au-dessus de la ligne des cours, ainsi qu'on le voit dans la figure ci-dessous, n° 3.

Fig. 3. — Vente ferme·

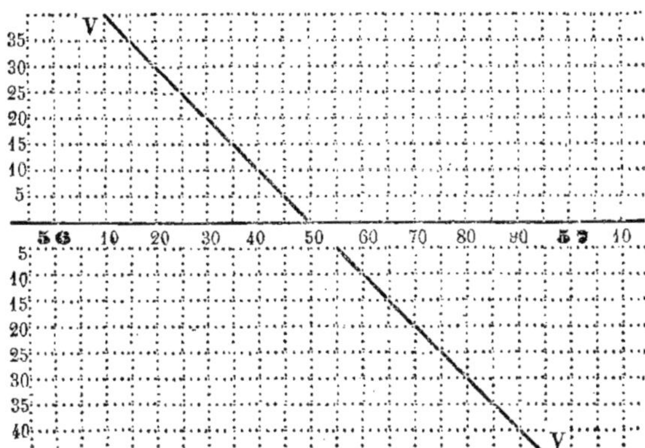

Dans l'achat et la vente de l'unité de spéculation, le bénéfice et la perte sont toujours égaux à l'écart entre le cours d'achat ou de vente et l'autre cours considéré.

Réciproquement, la situation étant déterminée, si on veut connaître le bénéfice ou la perte correspondante à un cours donné, il suffira de suivre la perpendiculaire passant par ce cours jusqu'à la rencontre de la ligne qui exprime la situation. L'horizontale passant par le point de rencontre exprimera le bénéfice ou la perte.

Achat et vente des multiples et sous-multiples de l'unité.

S'il s'agissait d'un achat double, triple, quadruple, etc., du précédent, c'est-à-dire de 6, 9, 12 fr., etc., de rente, les béné-fices en hausse et les pertes en baisse seraient doubles, triples, quadruples, etc., des écarts. Pour les ventes doubles, triples, quadruples, etc., les pertes en hausse et les bénéfices en baisse seraient de même doubles, triples, quadruples, etc., des écarts.

Si nous appliquons le mode employé plus haut pour la déter-mination des bénéfices ou des pertes correspondants aux cours successifs en hausse et en baisse des cours d'achat ou de vente, et si nous observons la figure des situations pour chaque cas nous verrons que la figure résultant d'un

	Achat ou Vente		
Double	suit la	2 petits carrés *superposés*.
Triple	diagonale des	3 — — —
Quadruple	rectangles	4 — — —
Quintuple	formés	5 — — —
etc.	par	etc.

Et si on applique encore le même procédé aux sous-multiples 1/2, 1/3, 1/4, 1/5, de l'unité, on trouvera encore que la figure des situations

	d'Achat ou de Vente		
De moitié.	suit la	2 petits carrés *juxtaposés*.
Du tiers	diagonale des	3 — — —
Du quart.	rectangles	4 — — —
Du cinquième	formés	5 — — —
etc.	par	etc.

Enfin, s'il s'agissait de déterminer la figure d'une situation d'achat ou de vente qui serait un multiple ou un sous-multiple fractionnaire quelconque de l'unité, comme 3/4 ou 5/2, on l'obtiendrait en formant, à partir du cours, à droite ou à gauche selon qu'il s'agit d'un achat ou d'une vente, un rectangle dont la hauteur comprendrait un nombre de divisions égal au numérateur de la fraction, la base un nombre de divisions égal au dénominateur de la même fraction, et en menant la diagonale de ce rectangle.

Réciproquement, lorsque dans la figure d'une situation plus ou moins compliquée, on verra une portion quelconque de cette figure inclinée à droite, on saura que cette portion constitue une situation d'acheteur, et que si elle est inclinée à gauche, elle constitue une situation de vendeur ; que si cette portion de la figure forme :

La diagonale de	1	carré.			de l'unité de marchandise.
—	2	carrés *superposés*.			du double de l'unité.
—	3	— —		Elle	du triple —
—	4	— —	exprime		du quadruple —
etc., etc.			l'achat ou		etc., etc.
La diagonale de	2	carrés *juxtaposés*.	la		de la môitié —
—	3	— —	vente de		du tiers —
—	4	— —			du quart —
etc., etc.					etc., etc.

Et si cette ligne forme la diagonale d'un rectangle autre que ceux indiqués ci-dessus, on saura qu'elle exprime un rapport fractionnaire avec l'unité dans lequel le nombre des divisions qui forme la hauteur sera le numérateur, et le nombre des divisions qui forme la base sera le dénominateur de la fraction ou du nombre fractionnaire cherché ; enfin qu'en prolongeant cette ligne ou cette portion de ligne jusqu'à la *ligne des cours*, on obtiendrait le cours auquel ressort l'achat ou la vente.

C'est ce dont on se fera une idée plus nette au moyen de l'*alphabet* ci-après qui donne la clef de toute cette numération graphique.

ALPHABET
OU NUMÉRATION GRAPHIQUE.

ACHATS

Inclinaison à droite des diagonales

Multiples de l'unité.

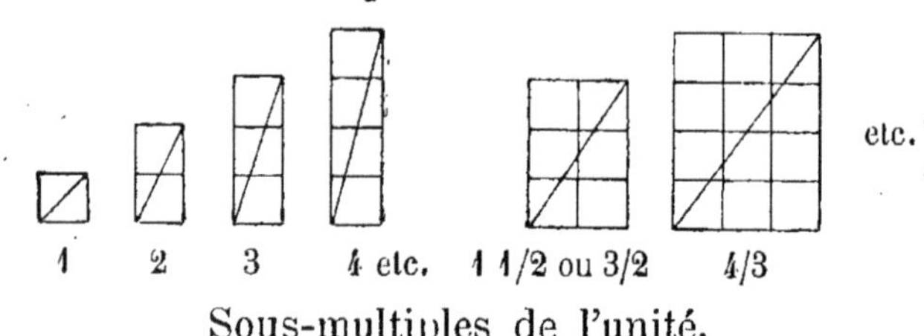

Sous-multiples de l'unité.

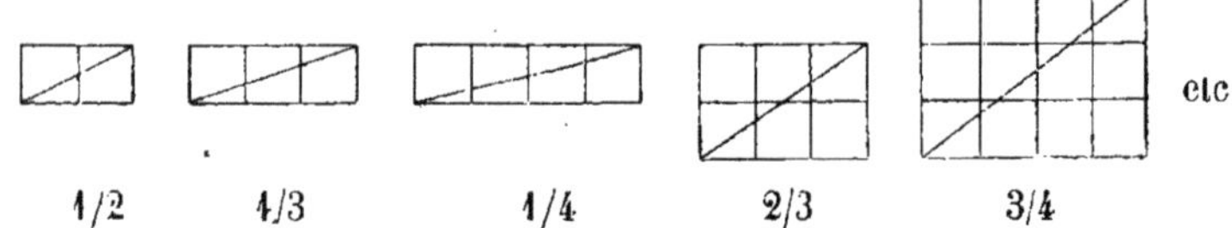

VENTES

Inclinaison à gauche des diagonales

Multiples de l'unité.

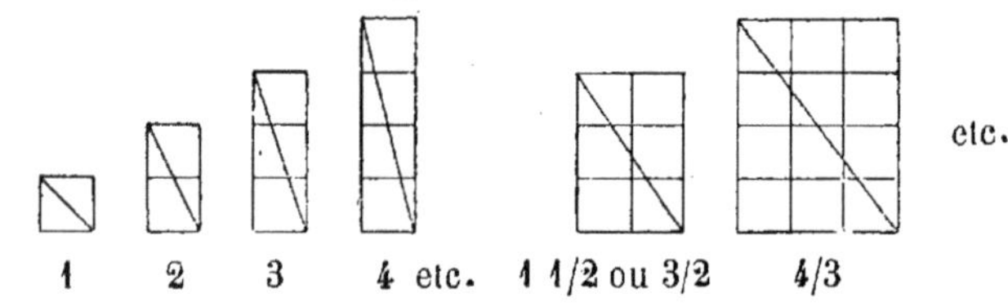

Sous-multiples de l'unité.

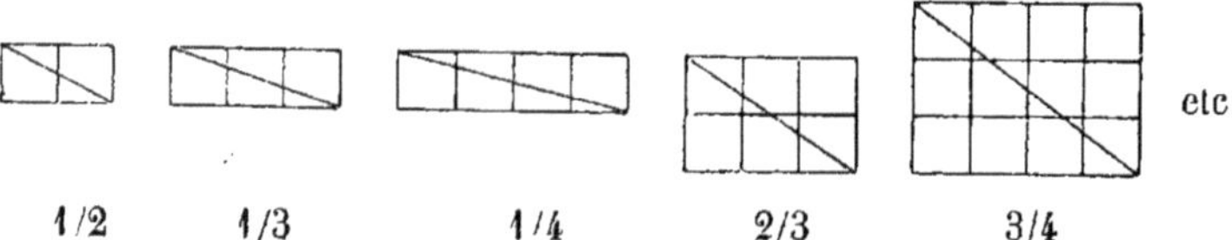

2° Opérations à primes.

Situation des donneurs de primes.

Dans l'achat et la vente fermes, le bénéfice et la perte son illimités, ce qu'exprime la ligne droite indéfinie dans les deux sens et allant en s'éloignant indéfiniment de la ligne des cours. Dans l'achat à prime tel que nous l'avons décrit aux §§ VII et VIII des principes d'économie sociale, le bénéfice seul est illimité, tandis que la perte est limitée au montant d'une certaine somme appelée *prime* que l'industriel abandonne en cas de baisse pour avoir le droit de résilier son marché ; dès lors la figure de sa situation, au lieu de s'étendre indéfiniment au-dessous de la ligne des cours, comme dans le cas de l'achat ferme, s'arrêtera quand elle aura atteint la perte *maxima* à laquelle l'acheteur, manufacturier, commerçant, ou spéculateur veut s'exposer, et, à partir de ce point, pour exprimer que la perte est constante, elle se continuera par une parallèle à la ligne des cours.

Fig. 5. — Achat à prime directe. — Prime à livrer.

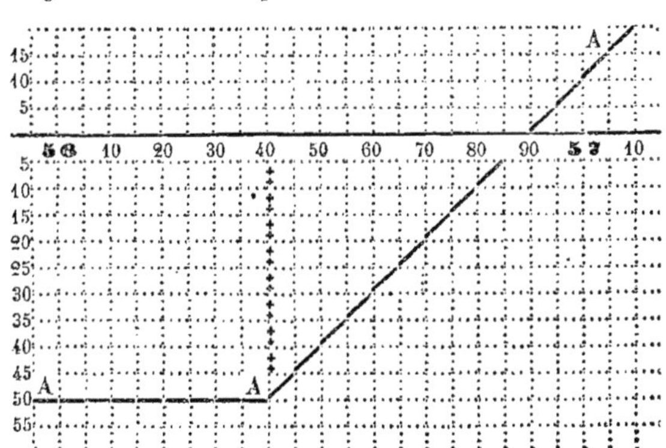

C'est ce qu'on voit très-nettement dans la figure ci-dessous, ou la ligne AAA représente un achat de 3 fr. au cours de 56 fr. 90 et à prime de 0 fr. 50. Au cours de 56 fr. 40 qui, pour cette raison, s'appelle le *Pied de la Prime*, la perte maxima est atteinte, et la portion horizontale AA qui se confond avec la parallèle exprimant les pertes de 50 centimes, indique qu'en baisse, au-dessous du pied de la prime, la perte est toujours la même.

Quant à la portion inclinée de la figure, elle indique un achat dont la perte ira en diminuant de 56 fr. 40 à 56 fr. 90, et dont le bénéfice commence au-dessus de ce dernier cours.

Le vendeur à prime tel que nous l'avons défini au §§ IX des principes d'économie sociale, est essentiellement un producteur de matières premières, qui entend assurer la vente de ses produits à un certain prix en cas de baisse, mais qui se réserve, en cas de hausse, d'en profiter en résiliant son marché ; dès lors la figure de sa situation qui exprime une vente, au lieu de s'étendre indéfiniment au-dessous de la ligne des cours s'arrêtera à la perte *maxima* à laquelle le vendeur : producteur, commerçant, ou spéculateur veut s'exposer, et, à partir de ce point, pour exprimer que la perte est constante, se continuera par une parallèle à la ligne de cours.

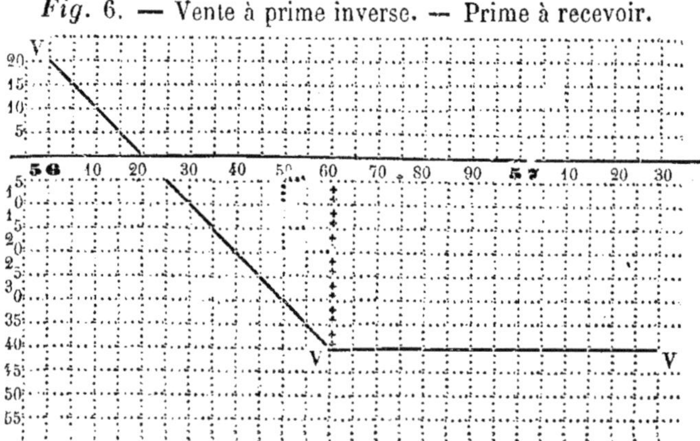

Fig. 6. — Vente à prime inverse. — Prime à recevoir.

C'est ce qu'on voit très-nettement dans la figure ci-dessus ou la ligne VVV représente une vente au cours de 56.20, et à prime *inverse* de 0.40. Au cours de 56.60, qui pour cette raison s'appelle le *pied de la prime*, la perte maxima est atteinte et la portion horizontale VV qui se confond avec la parallèle exprimant des pertes de 0.40 indique qu'en *hausse* au-dessus du pied de la prime, la perte est toujours la même.

Cette sorte de prime, ne se fait pas directement à la Bourse de Paris, où elle résulte, comme nous le verrons ci-dessous, de la combinaison d'un achat à prime avec vente ferme, mais elle est courante sur les marchés des matières premières, grains, farines, alcools, huiles, etc., et aux Bourses étrangères.

Elle porte en allemand le nom de *Ruck prœmiœ*, en anglais celui de *Put*, on la désigne quelquefois en français sous le nom de *Prime inverse ou indirecte* que nous lui conservons pour simplifier le discours, tandis que l'achat à prime sera la *prime directe* ordinaire du marché.

On appelle le *montant* de la prime la somme que le spéculateur abandonne pour résilier son marché; on comprend que cette somme est conventionnelle et qu'il peut y avoir des primes de toutes sortes. Nous appellerons la *caractéristique* de la prime la portion inclinée de sa figure qui exprime s'il s'agit d'un achat ou d'une vente.

Les multiples et sous-multiples d'opérations à prime donneront lieu à des figures dont les portions inclinées, *caractéristiques* de l'achat ou de la vente, se formeront comme nous l'avons vu pour les achats et ventes fermes (page 43, alphabet), et qui s'arrêteront pour se continuer par une portion horizontale, à la perpendiculaire passant par le *pied de la prime*. Or, le pied de la prime se détermine en diminuant ou augmentant le cours où s'est liée l'opération du montant de la prime ellémême.

Nous ne saurions trop appeler l'attention sur ce point extrê-mement important qu'on appelle le *pied de la prime*, qui est le pivot de tout le mécanisme des opérations de grand commerce et la clef de la plupart des grandes manœuvres de la haute stratégie financière.

Les opérations à primes se font nécessairement à terme; comme ce sont des marchés résiliables au gré du *donneur de primes*, moyennant l'abandon de la prime, celui-ci est tenu de déclarer, à un certain jour et à une certaine heure, s'il entend tenir ou résilier son marché : c'est le moment où a lieu ce qu'on appelle la *réponse des primes*. Il est clair que la réponse du *donneur de primes* est dictée par son intérêt même.

Si le cours du ferme, au moment de la réponse, est *supérieur* au cours du *pied de la prime*, l'acheteur répond qu'il maintient son marché, qu'il *lève*, puisqu'en revendant, il a ou un bénéfice, ou, dans tous les cas, une perte moindre que s'il abandonnait sa prime. Ainsi, dans la figure 5, si le cours du ferme, au moment de la réponse des primes, dépasse 56.40, l'acheteur *lève* la prime. Au contraire, si le cours du ferme est inférieur au cours du pied de la prime, le spéculateur abandonne purement et simplement sa prime, puisqu'il perd moins que s'il maintenait son marché.

Pour le vendeur à prime, si le cours du ferme au moment de la réponse des primes est *inférieur* au cours du pied de la prime, le vendeur répond qu'il maintient son marché, puisqu'en livrant alors ou en rachetant ce qu'il a vendu, il a, ou un bénéfice, ou dans tous les cas une perte moindre que s'il abandonnait sa prime. Au contraire, si le cours du ferme, au moment de la réponse des primes est supérieur au cours du pied de la prime, soit à 56.60, dans la fig. 6, le vendeur abandonne sa prime ; et, s'il possède la marchandise ou la valeur, il pourra la livrer sur le marché avec un certain bénéfice déduction faite de sa prime même, qu'il *sauve* dans ce cas en tout ou partie.

Le cours de réponse des primes, qui les fait abandonner ou qui les transforme en ferme, est le premier acte de la liquidation, qui se fait généralement le lendemain.

Situation des receveurs de primes.

L'acheteur à prime qui, théoriquement, est un fabricant, et le vendeur à prime qui, théoriquement aussi, est un producteur de matières premières, ont pour contre-partie le capitaliste qui les assure contre les risques illimités qu'ils pourraient courir l'un et l'autre.

La figure des situations de ce dernier, suivant qu'il assure l'acheteur ou le vendeur, est nécessairement inverse des leurs. ·

L'achat *à* prime (fig. 5) a pour contre-partie une vente DE prime, qui est représentée ci-dessous.

Fig. 7. — Vente de prime. — Prime directe ou à livrer.

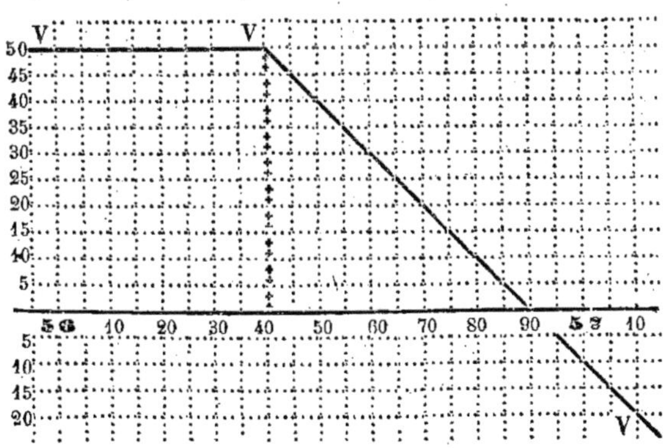

4

Ici , au-dessus du *pied de la prime* qui est 56.40, le vendeur est tenu de *livrer* ou de se racheter, ce qui est la même chose ; au-dessous du pied de la prime , il reçoit comme bénéfice le montant de sa prime , qui diminue d'ailleurs d'autant le prix des marchandises ou des valeurs dont il est forcément détenteur à un moment donné.

Quand il assure, au contraire, le producteur *vendeur à prime*, la figure de sa situation est symétriquement inverse de la figure de celui-ci (voir fig. 6).

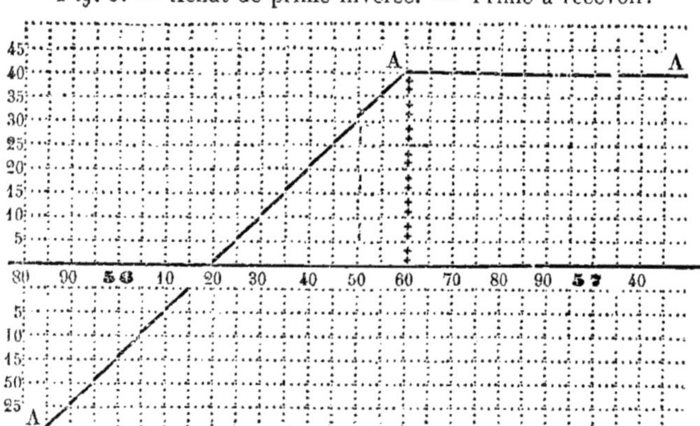

Fig. 8. — Achat de prime inverse. — Prime à recevoir.

On voit qu'au-dessous du *pied de la prime* 56.60, celui qui a *reçu* la prime est tenu de *se livrer*, de prendre livraison, et qu'au-dessus du pied de la prime, la prime reçue lui est abandonnée , et vient encore diminuer d'autant le prix des marchandises ou des valeurs dont il est détenteur.

Ceux qui ont bien compris le mécanisme de la circulation commerciale, et qui le traduiront sur les images ci-dessus, arriveront à s'en faire l'idée la plus nette qui ait pu en être conçue jusqu'ici.

3° Combinaisons des opérations fermes entre elles.
Liquidations.

Quand plusieurs situations simples se combinent entre elles, la figure de la situation résultante s'obtient en formant en chaque cours la somme des bénéfices ou des pertes, ou la différence des bénéfices et des pertes correspondant au cours donné ; mais cette règle générale se simplifie singulièrement dans la pratique.

Quand il s'agit d'opérations fermes combinées entre elles, il suffit de faire le compte des bénéfices ou des pertes en deux cours quelconques, qu'on choisira les plus commodes possibles ; de joindre les points déterminés pour chacun de ses cours par une ligne droite, qui, prolongée indéfiniment, sera la figure de la situation résultante, c'est-à-dire une somme ou une différence exprimant, au *cours moyen*, un achat ou une vente.

Quand un achat ferme se combine avec une vente ferme, il y a lieu de distinguer deux cas : 1° celui où les deux opérations portent sur des quantités différentes de marchandises ou de valeurs ; la résultante traduira un achat ou une vente, en un certain cours, de la différence des deux opérations ; 2° celui où les deux opérations portent sur des quantités égales de part et d'autre, et on en dit alors qu'elles se liquident.

Toute opération de commerce doit *se liquider* à un moment donné, soit en bénéfice, soit en perte. *Se liquider* consiste à vendre la totalité de ce qu'on a acheté ou à racheter la totalité de ce qu'on a vendu. C'est donc nécessairement la combinaison d'un achat ferme avec une vente ferme en quantités égales de part et d'autre.

Le cas particulier que nous devons envisager est celui où un achat ferme se combine avec une vente ferme en quantités égales de part et d'autre, mais à des cours différents.

Supposons qu'on ait acheté ferme 3 fr. de rente au cours de 56, 35, et qu'on les ait revendus à 56. 75. Déterminons, comme nous l'avons dit plus haut, deux points quelconques de la résultante, par exemple ceux qui correspondent aux cours mêmes d'achat et de vente, et joignons-les par une ligne droite ; nous trouvons que celle-ci, RR, est parallèle à la ligne des cours, et exprime par conséquent un bénéfice constant de 0. 40, précisément égal à *l'écart* des cours d'achat et de vente. Les cours qui peuvent se produire ultérieurement devant toujours donner le même résultat que celui que nous avons obtenu, et la situation ne pouvant plus être modifiée, on dit qu'elle est *liquidée* en bénéfice de 0. 40

Fig. 9. — Achat ferme liquidé en bénéfice par une vente ferme.

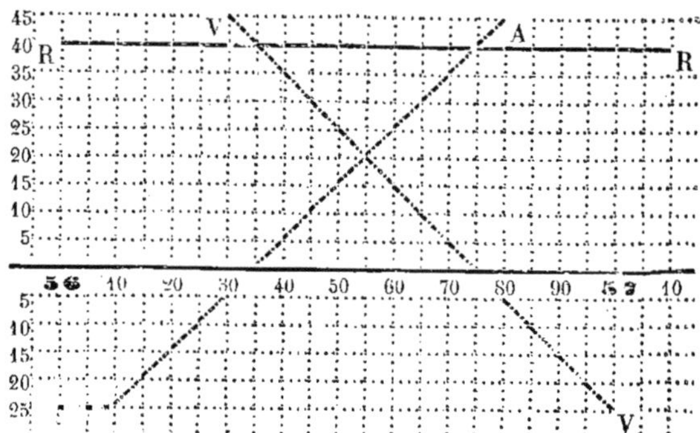

Si le cours de la vente était inférieur au cours de l'achat, la résultante se serait traduite par une parallèle à la ligne des cours située dans la partie du tableau qui correspond aux pertes.

Supposons, par exemple, qu'on ait acheté 3 francs de rente au cours de 56.75, et qu'on n'ait pu les revendre qu'au cours de 56.30. Si nous construisons les lignes de l'achat A A, et celle de la vente V V (fig. 10), que nous déterminions sur chacune d'elles le point de la résultante correspondant au point où l'autre ligne rencontre la ligne des cours, nous obtiendrons la parallèle RR qui exprimera une perte constante de 0.45, précisément égale à l'écart des cours.

Fig. 10. — Achat ferme liquidé en perte par une vente ferme.

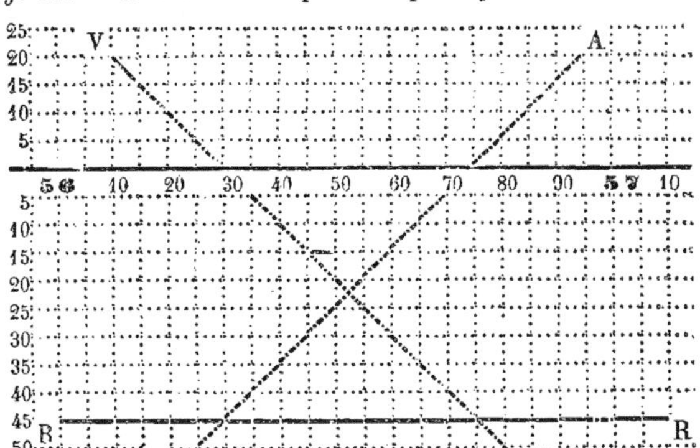

Le signe de la *liquidation* de deux ou plusieurs opérations combinées, sera donc une *parallèle* à la ligne des cours.

Réciproquement toutes les fois que la résultante de plusieurs situations, ou qu'une portion de cette résultante sera *parallèle* à la ligne des cours, nous saurons qu'entre les cours correspondants à cette portion de la résultante, les opérations se trouvent *liquidées* sans opération nouvelle; tandis que toutes les fois que la résultante ou une portion de la résultante sera inclinée sur la ligne des cours, cela nous avertira que l'opération n'est pas *liquidée*, c'est-à-dire qu'entre ces cours la somme des ventes n'est pas égale à la somme des achats, et que, par conséquent, il reste à établir l'équilibre entre ces deux sommes par une ou plusieurs opérations nouvelles.

Il n'y a pas lieu ne s'étendre ici sur ces combinaisons élémentaires, d'ailleurs très-simples, mais sur lesquelles le lecteur fera bien de s'exercer.

4° Combinaisons des primes avec le ferme en quantités égales de part et d'autre.

Passage des primes directes aux primes inverses et réciproquement.

Selon les circonstances qui peuvent se présenter, l'acheteur à prime peut trouver qu'il est de son intérêt de vendre *ferme* ce qu'il a acheté à prime. Il faut examiner quelle serait dans ces cas sa situation nouvelle.

Fig. 11. — Achat à prime contre vente ferme.

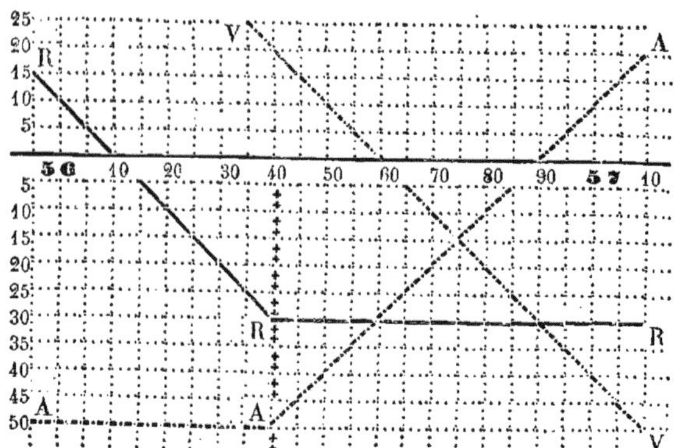

Supposons un achat à prime dont (1) 0,50 au cours de 56,90 suivi d'une vente ferme à 56,60 ; construisons sur le tableau les figures des deux opérations simples, AAA pour l'achat à prime, VV pour la vente ferme. Nous pourrions, pour trouver la résultante, appliquer le principe général que nous avons énoncé plus haut, c'est-à-dire faire en chaque cours la somme ou la différence des bénéfices ou des pertes ; mais le procédé pratique que nous

____

(1) Dans le langage usuel on dit prime *dont* 0.25, ou *dont* 0.50, ou *dont* 1, au lieu de dire prime *de* 0.25, de 0,50, *de* 1 fr. Nous emploierons indifféremment ces deux vocables.

emploierons constamment désormais est plus simple et plus rapide. Au lieu de faire des démonstrations géométriques, nous préférons nous en tenir, quant à présent, à une sorte de méthode expérimentale qui est ici tout à fait à sa place en raison des nécessités de la pratique qui ne s'acquiert que par l'expérience.

Au niveau du pied de la prime qui est ici 56.40 nous faisons la différence des pertes et des bénéfices. On perd en ce cours 0,50 centimes sur l'achat à prime, on gagne 0,20 sur la vente ferme, différence 0,30 de perte que nous marquons au point R sur la perpendiculaire formée de petites croix correspondante au pied de la prime, ce qui nous donne un point de la résultante. —En hausse, au dessus du pied de la prime l'achat à prime, devient un achat ferme qui se liquide par la vente ferme VV avec une perte de 0,30 égale à l'écart : ce qui se traduit par la portion horizontale de la résultante. En baisse à partir du même pied de la prime, la perte sur l'achat à prime étant constante, le bénéfice sur la vente ferme allant en croissant, cette deuxième partie de la résultante devient parallèle à la ligne de la vente ferme VV, et exprime elle-même une vente à 56.10, c'est-à-dire à 50 centimes au-dessous du cours du ferme.

Si maintenant, on fait varier les cours de la vente ferme, on observera constamment que la forme de la résultante ne change pas et que sa position seule sur le tableau varie avec le cours du ferme.

Si on répète l'expérience sur des primes de 0,25, et de 1 fr. ou généralement sur des primes quelconques, on arrivera à cette règle générale pour la situation résultant d'un achat à prime contre vente ferme, en quantités égales de part et d'autre savoir : en baisse, au-dessous du pied de la prime, on est vendeur au cours de la vente ferme diminué du montant de la prime, et,

au-dessus du pied de la prime, on est liquidé par un bénéfice ou
une perte égaux à l'écart des prix d'achat et de vente.

Si on observe la figure de cette résultante RRR, on verra
qu'elle forme une vente dont la perte est limitée en hausse; c'est
donc une vente à prime, analogue à celle que nous avons ex-
aminée directement (fig. 6) puisqu'elle n'en diffère que par
le montant de la prime.

Ainsi l'achat à prime directe sur lequel on vend du ferme en
quantité égale, devient une vente à prime inverse.

De même une vente à prime inverse sur laquelle on achète du
ferme en quantité égale devient un achat à prime directe.

Supposons qu'un détenteur de matière première ou de valeurs,
qui a vendu à prime inverse de 0.25 VVV au cours 56,30 pour
s'assurer en cas de baisse le droit de livrer, achète sur sa prime
une quantité égale de ferme AA au cours de 56,45.

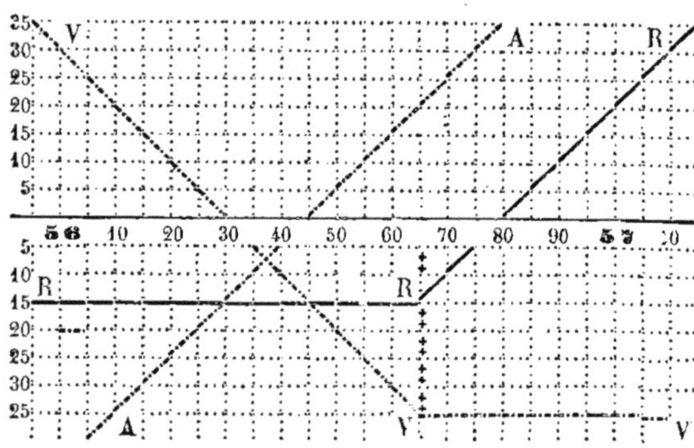

Fig. 12. — Vente à prime inverse contre achat ferme.

La construction de la résultante RRR., par le procédé indiqué
ci-dessus, formera un achat à prime directe qui donnera lieu à
des conclusions analogues, quoiqu'inverses à celles obtenues
plus haut.

De sorte que le fabricant qui, moyennant une prime directe, s'est assuré du prix d'achat maximum des matières premières qu'il manufacture, et que le producteur qui, moyennant une prime inverse, s'est assuré du prix de vente minimum des denrées qu'il récolte, peuvent, selon l'événement, maintenir ou retourner leur position, de façon à sauver tout ou partie de leurs primes, sauf à se remettre ultérieurement par une nouvelle opération de ferme dans une situation semblable à celle qu'ils avaient d'abord, mais plus avantageuse que la première, tout en restant constamment couverts par une prime qui les assure contre des risques illimités.

Le fabricant et le producteur ont pour contre-partie le négociant en gros qui reçoit leurs primes et leur vend ou leur achète du ferme selon les cas. La situation de ce dernier est nécessairement inverse de celle des deux précédents. Ainsi, l'achat à prime (fig. 11) contre vente ferme a pour contre-partie un *achat ferme contre vente à prime* (fig. 13).

Soit un achat ferme de 3 fr. à 56,50 et une vente à 56,80 dont 0,25. Traçons sur le tableau ces deux opérations élémentaires AA, VVV. Sur la perpendiculaire passant par le pied de la prime

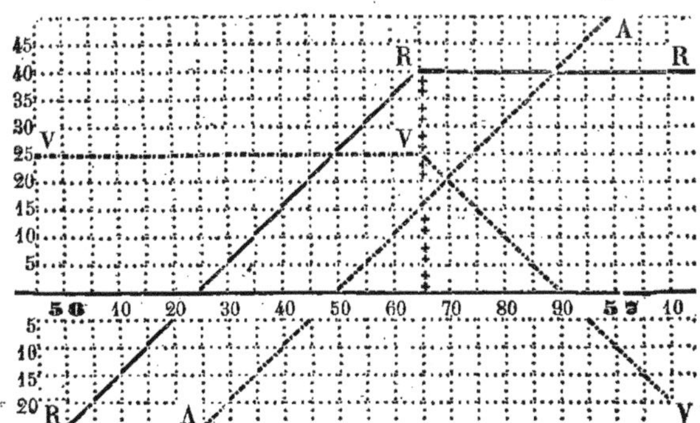

Fig. 13. — Achat ferme contre vente à prime.

qui est 56 65, faisons le compte des bénéfices et des pertes ; nous trouvons un bénéfice de 0.15 sur l'achat ferme, un bénéfice de 0.25 sur la vente à prime, total 0.40 de bénéfice que nous marquons au point R sur la même ligne. En hausse la prime est levée et se liquide avec le ferme en bénéfice de 0.40 égal à l'écart. En baisse, le bénéfice sur la vente à prime restant constant, la portion de la résultante devient parallèle à l'achat ferme et traduit également un achat au cours de 56 25, soit le cours de l'achat ferme 56.50 diminué du montant de la *prime*.

Si on fait varier le cours du ferme, on obtiendra toujours la même forme de la résultante, dont la position seule variera sur le tableau, et la formule générale de cette situation est la suivante : en hausse, si la prime est levée; le bénéfice ou la perte acquis sont égaux à l'écart des cours ; en baisse, on est acheteur au cours du ferme, diminué du montant de la prime.

Quand ces deux opérations sont faites au même moment, comme le cours de la prime est plus élevé que le cours du ferme, il en résulte qu'en hausse on a un bénéfice assuré, et qu'en baisse on reste acheteur à un conrs moindre que celui qu'on aurait obtenu si on était resté acheteur ferme.

Cette situation forme donc la contre partie de celle de l'achat à prime contre vente ferme, ainsi qu'on le voit d'ailleurs en rapprochant les deux figures l'une de l'autre. C'est une sorte d'achat à prime dont le bénéfice en hausse est limité, tandis que la perte en baisse peut être indéfinie, et que nous avons déjà représentée fig. 8, page 50. En réalité, pour un capitaliste qui a les fonds disponibles pour lever les marchandises ou les titres, c'est un moyen ou de tirer un intérêt de ses capitaux sans les employer, ou, au pis aller, de diminuer le prix de revient des marchandises ou des titres dont il peut prendre livraison.

Et de même, la vente à prime inverse contre achat ferme a pour contre partie un achat à prime inverse contre vente ferme.

Fig. 14. — Achat de prime inverse contre vente ferme.

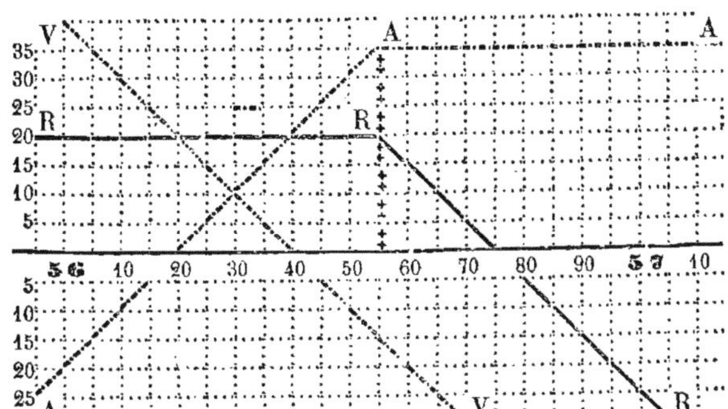

C'est ce que nous voyons dans la figure 14, dont la ligne A A A représente l'achat à prime inverse au cours de 56.20, et V V la vente ferme au cours de 56.40. La résultante R R R représente une vente de prime directe dont 0 20. D'où résulte que, en hausse, le négociant aura vendu sa marchandise ou ses titres, 35 centimes plus cher que s'il les avait vendu ferme simplement, et qu'en baisse il les garde avec une bonification de 0.20 par unité, puisqu'alors il se trouve avoir racheté à un cours moindre ce qu'il avait vendu ferme ; sa contrepartie lui livrant, dans ce cas, la marchandise ou la valeur.

Ainsi une opération ferme contre une opération à prime, en quantité égale de part et d'autre, change le sens de la prime ou plutôt donne naissance à une nouvelle prime de sens contraire à la première dont le montant est égal à la différence des cours, auxquels ont été faites les deux opérations primitives, et dont le cours se calcule en diminuant ou augmentant le cours du ferme du montant de la première prime.

SITUATIONS MIXTES.

Les situations mixtes résultent de la combinaison d'un achat à prime directe avec une vente à prime inverse, ou d'une vente à prime directe avec un achat à prime inverse.

Supposons, par exemple, un achat de 3 fr. de rente, à prime de 0.25 au cours de 56.90, A A A, et une vente de 3 fr. de rente à prime inverse, dont 35, au cours de 56.30, V V V.— Formons-en la résultante. — On observe que ces deux primes ont le même *pied*, 56.65 ; en ce cours on perd, à la fois les 2 primes, soit 0.25 + 0.35 = 0.60. Ce qui donne le point inférieur de la résultante R.

Fig. 15. — Achat à prime directe contre vente à prime inverse.

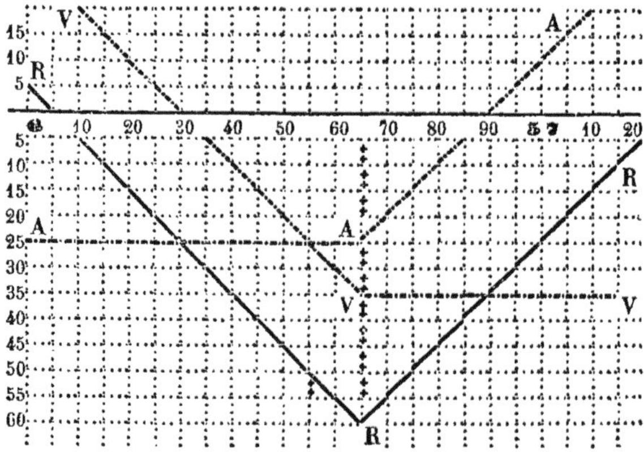

En hausse, au-dessus de 56.65, la perte sur la prime inverse est constante, la prime directe est levée, de sorte que la portion de la résultante en hausse est une parallèle à la caractéristique de A A A.

En baisse, au-dessous de 56.65, la prime directe est abandonnée, et c'est la prime inverse qui se lève, de sorte encore que la portion de la résultante au-dessous de 56.65 sera parallèle à la caractéristique de la prime inverse.

La situation est donc la suivante; au-dessous du pied des primes, on est vendeur au cours de 56.05 ; au-dessus, on est acheteur au cours de 57.25 ; et, en formule générale, on est vendeur au cours de la prime inverse diminué de la prime directe, et acheteur au cours de la prime directe augmenté de la prime inverse. La perte maxima, qui est au cours du pied des 2 primes, ne peut pas dépasser la somme de ces primes.

Mais nous avons vu que la prime inverse V V V, au cours de 56.30, dont 0.35 pouvait être formée par un achat de prime directe au cours de 56.90, dont 0,25, combiné avec une vente ferme au cours de 56,55. Par conséquent, la combinaison d'une prime directe avec une prime inverse équivaut à un achat double à prime directe contre vente ferme simple.

Nous allons voir en effet que la combinaison d'un achat double à prime contre vente simple donne lieu à une résultante de même forme que la précédente qui exprime à la fois une double situation d'acheteur et de vendeur.

Afin de varier nos exemples et de montrer que les résultats sont complètement indépendants des marchandises et des primes nous allons prendre celles-ci arbitrairement.

Supposons qu'on ait acheté deux sacs de farine au cours de 56 fr. 70 et moyennant une prime de 0.20 par sac, et qu'on ait vendu ferme un seul de ces sacs au cours 56.30.

Traçons sur le tableau (fig. 16) la figure d'un achat double à prime A A A, comme nous avons appris à le faire pages 42, 43 et 44 : la caractéristique de la prime étant la diagonale de deux carrés superposés, et s'arrêtant à la perpendiculaire pas-

sant par le *pied de la prime*, qui est ici 56.50, savoir, le cours :
57.70 diminué du montant de la prime qui est de 0.20. Traçons
aussi la figure V V de la vente ferme au cours de 56.40.

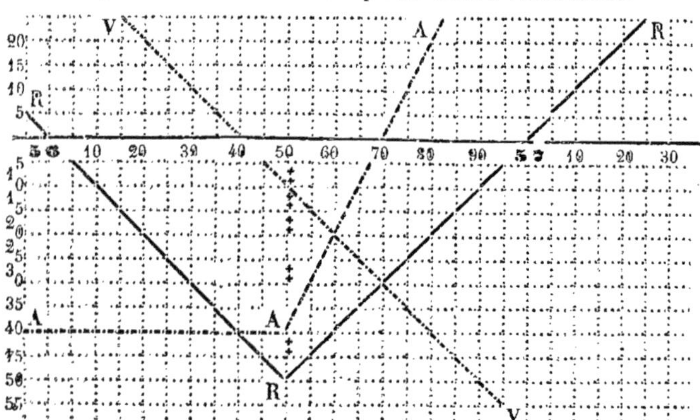

Fig. 16. — Achat double à prime contre vente ferme.

Sur la perpendiculaire passant par le pied de la prime, nous
faisons le compte des bénéfices et des pertes. On voit que la
perte est, sur l'achat à prime, de 0.40 et, sur la vente ferme,
de 0.10 : total, 0.50 de perte que nous marquons au point R qui
est un des points de la résultante. En baisse, au-dessous du
cours du pied de la prime, la perte sur la double prime est constante ; le bénéfice sur la vente ferme va en croissant, donc la
portion correspondante de la résultante R R' sera une parallèle
à V V. Elle exprimera une vente au cours de 56.00, qui est le
cours de la vente ferme, diminué du double de la prime.

En hausse au-dessus de 56.50, on est acheteur de 2, vendeur
de 1 ; la résultante R R'' traduira donc, à partir du point R,
un achat de 1 au cours de 57.00, c'est-à-dire au cours de
la vente ferme 56.40, augmenté du double de l'écart qui est
de 0,30.

La résultante traduit donc d'un côté une vente, de l'autre un achat; c'est qu'en effet celui qui sur un achat à prime a vendu moitié ferme se trouve, au gré de ses intérêts, au moment de la réponse des primes, acheteur ou vendeur à son choix.

Si la vente ferme avait eu lieu juste au cours du pied de la prime, à 56.40, le point R de la résultante aurait coïncidé avec le point A, et on aurait obtenu l'option désignée sur les marchés ordinaires sous le nom de *double prime,* sur les marchés allemands, de *stellage,* et de *Put and call* à Londres. La double prime constitue celui qui la donne acheteur ou vendeur à son gré.

Le vendeur à prime inverse se placerait dans une situation absolument identique en rachetant moitié ferme sur sa prime.

Quant aux spéculateurs, ils appellent cette situation : *être à cheval à la hausse et à la baisse* parce que la hausse ou la baisse, pourvu qu'elles soient plus considérables : en baisse que le double de la prime, en hausse que le double de l'écart, les constituent également en bénéfice.

Cette situation doit être prise dans le cas où un événement prochain, suivant le sens dans lequel il se produira, peut déterminer une forte hausse ou une forte baisse; seulement il arrive souvent que l'écart des primes est trop tendu. Dans tous les cas, elle convient parfaitement pour *jouer la fluctuation* sans jamais être à découvert, en opérant ensuite par achats et ventes fermes du tiers ou du quart de la prime achetée : par exemple, si on a acheté 30,000 à prime contre 15,000 ferme, on pourra tous les jours jouer la fluctuation sur 10,000 ou 7,500 en restant à l'abri d'un grand mouvement, quel qu'en soit le sens.

Si la contre-opération ferme était du tiers, du quart, ou d'une fraction quelconque de la prime, on obtiendrait des situations analogues qui ne différeraient entre elles, et de celle que nous venons de décrire, que par les positions plus ou moins inclinées des deux branches de la figure, et dont la loi générale est facile à trouver.

Il suffit, en effet, de former une prime inverse avec le ferme et une portion de la prime directe équivalente à la quantité de ferme et de combiner cette nouvelle prime avec ce qui reste de la prime directe, comme nous l'avons indiqué ci-dessus.

Le maximum de la perte sera au cours du pied de la prime et se composera de la somme des primes augmentée ou diminuée de la perte ou du bénéfice faite sur le ferme au cours de ce même pied des primes ; on sera vendeur de la quantité de ferme engagée dans l'opération, et acheteur de la quantité de primes diminuée de la quantité du ferme.

Quant aux cours auxquels ressortiront la vente et l'achat on les déterminera par les rapports de la base et de la hauteur des triangles-rectangles formés, et d'après les indications de la numération graphique décrite aux pages 42, 43 et 44.

Lorsque les opérations à prime ont été faites successivement et à des cours différents, il en résulte des situations plus ou moins compliquées, comme nous le verrons par la suite.

Ces situations sont plus ou moins oportunes selon les circonstances diverses dans lesquelles peuvent se trouver le producteur comme le fabricant ; elles constituent donc l'assurance contre toutes les éventualités qui pourraient les atteindre dans les actes de commerce auxquels ils sont obligés de se livrer.

L'un et l'autre ont pour contre-partie le négociant en gros, c'est-à-dire, théoriquement au moins, l'individu qui dispose du capital et du crédit, puisqu'il est toujours censé pouvoir tenir les engagements à risques illimités qu'il contracte.

Le capital reçoit donc une prime du producteur moyennant laquelle il s'engage à prendre livraison en cas de baisse, et il reçoit une autre prime du fabricant auquel il s'engage de livrer en cas de hausse. Comme nous l'avons vu, une de ces deux primes est une combinaison de ferme avec l'autre prime. Prenons par exemple la prime inverse qui paie le producteur, elle se compose, comme nous l'avons vu (page 54), d'une vente ferme contre achat de prime directe. Le capital qui la reçoit se trouve donc, par contrepartie, acheteur de ferme et vendeur de prime directe. En même temps il vend une autre prime directe au fabricant, il se trouve donc par le fait, et dans le cas le plus simple, acheteur ferme et vendeur du double à prime (1).

Si les deux opérations ont été faites sur le même cours des primes sa situation sera exactement inverse de celle que nous avons tracée pages 60 et 62 (fig. 15 et 16).

Pour faire mieux comprendre le procédé général à l'aide duquel on l'établit, nous allons le décrire de nouveau en prenant pour exemple la situation qui forme la contrepartie de l'opération que nous avons expliquée page 62 (fig. 16.)

(1) Remarquons en passant ce fait qu'indique la théorie et que confirme l'observation empirique sur tous les grands marchés et particulièrement en Bourse, c'est que la quantité de négociations à primes est toujours plus considérable, au moins du double, que celle des opérations fermes.

En Bourse, les principaux vendeurs de primes sont les *coulissiers*, dont le rôle est mal compris, et, en général aussi, mal rempli, car ce sont, en réalité des *assureurs* qui n'ont ni un capital ni un crédit suffisants et qui, par conséquent, sont dans l'impuissance de racheter autant de ferme qu'il leur en faudrait, en hausse, pour se couvrir de leurs ventes de primes. C'est aussi ce qui explique pourquoi les coulissiers sont naturellement des baissiers, tandis que les banquiers, détenteurs du titre, sont des haussiers.

Supposons, par exemple, qu'on soit acheteur ferme d'une certaine quantité de marchandises au cours de 56.40, ce qui se représente dans la figure ci-dessous par la ligne A A, et qu'on soit vendeur du double moyennant une prime de 0.20, au cours de 56 70, ce qui s'indique par la ligne V V V. Nous construisons

Fig. 17. — Achat ferme contre vente double à prime.

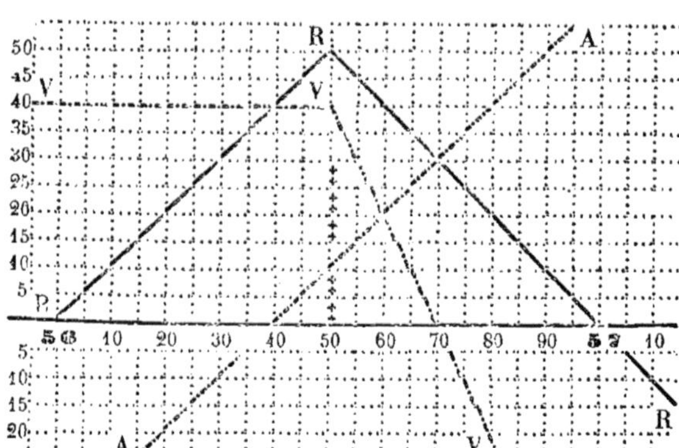

la résultante R R R en déterminant un point de cette résultante au niveau du cours du pied de la prime ; en ce point, 56.50, on est en bénéfice de 0.40 sur les primes, et de 0.10 sur le ferme ; total 0.50, et nous indiquons au point R le maximum du bénéfice. A partir de ce point : en baisse, la portion droite de la résultante devient parallèle à l'achat ferme ; en hausse, à partir du même point, la prime étant levée et devenant une vente ferme, se combine avec l'achat, et il reste une vente ferme simple.

D'où il résulte qu'au-dessous du cours du pied de la prime, on est acheteur et tenu de prendre livraison, qu'au - dessus de ce même cours on est vendeur et obligé de livrer.

Si l'on observe le rapport des deux parties de la résultante

avec les lignes exprimant l'achat et la vente primitives, on remarquera que le spéculateur, acheteur de ferme et vendeur du
double à prime, est couvert à partir du cours du ferme en
hausse, par le double de l'écart de l'achat ferme à la vente à
prime, en baisse par le double de la prime. Sa perte, en hausse
comme en baisse, peut être illimitée.

En baisse au-dessous du cours de 56.00, le vendeur livrera
certainement ; en hausse au·dessus de 57.00, l'acheteur demandera certainement livraison, et le capital aura reçu deux
primes pour parer à cette double éventualité.

En vendant ce qu'il a acheté, il réalise un bénéfice égal au
double de l'écart de l'achat ferme à la vente à prime ; en gardant, comme il peut être obligé de le faire en cas de baisse , le
prix de revient de la marchandise qu'il a achetée est diminué de
la double prime qu'il a reçue.

Enfin, entre ces limites extrêmes où il est obligé de *tout livrer*
ou de *tout garder*, toute la masse de la marchandise se trouve
soutenue sur le marché, ce que traduit parfaitement la figure ci-
dessus, où la ligne des cours représentera si l'on veut le niveau
de la consommation, et où la portion de la résultante qui se
trouve au-dessus de cette ligne, représente les divers étiages du
réservoir qui contient la marchandise, de façon à ce que l'écou-
lement en soit toujours possible, jusqu'à ce que les cours, soit en
hausse, soit en baisse, dépassent les points de rencontre des deux
portions de la résultante avec la ligne des cours.

C'est ce qui·apparaît (fig. 18) d'une façon encore plus nette
dans la combinaison suivante où la prime directe V V V reçue
du fabricant et la prime inverse A A A reçue du producteur,
ne sont pas négociées sur le même pied. La portion horizontale
de la résultante forme une espèce de palier sur lequel se trouve
élevée la masse de la marchandise flottante.

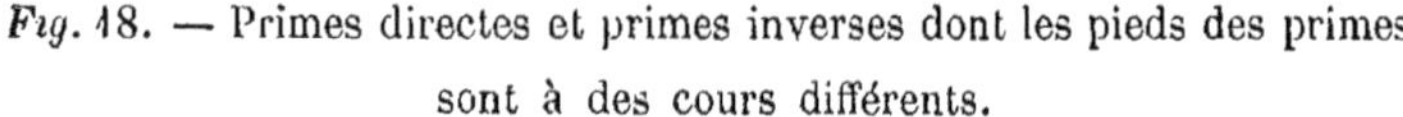

Fig. 18. — Primes directes et primes inverses dont les pieds des primes
sont à des cours différents.

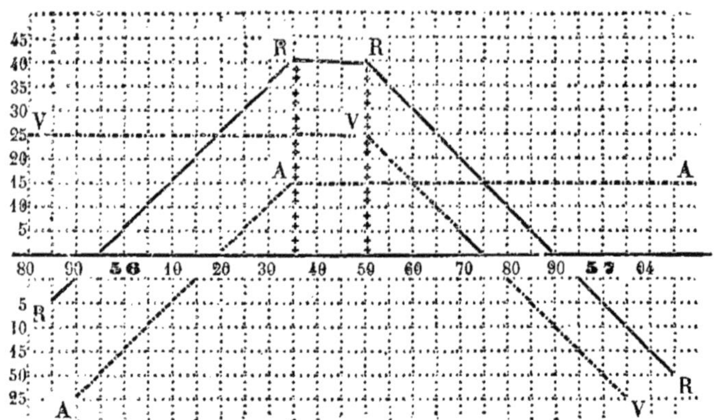

Donc, dans ce mécanisme, que comprendront du premier coup
ceux à qui les opérations de Bourse sont familières, le capital
qui reçoit les primes est seul engagé ; ceux qui contractent avec
lui restent toujours libres ; la hausse et la baisse sont forcément
contenues dans de certaines limites, puisque la première ne
saurait dépasser de beaucoup le cours où les plus hautes primes
sont levées, et que la seconde est obligée de s'arrêter au cours
où les plus basses primes sont abandonnées.

Ainsi, le rôle et la fonction du capital dans le commerce consis-
tent à concentrer, à conserver les richesses sociales, de quelque
nature qu'elles soient, et assurer l'exercice régulier de la production et de la transformation, en prévenant les paniques et
les crises, moyennant la rémunération légitime qui résulte des
primes qu'il reçoit pour cet objet.

Rôle et opérations des intermédiaires.

Combinaisons binaires des primes entre elles.

Et maintenant, entre le capitaliste qui reste dans son bureau, le producteur qui est sur sa plantation, le fabricant qui est dans son usine, se placent toute une série d'intermédiaires, de *courtiers*, qui vont de l'un à l'autre ; qui ne font pas le commerce de la marchandise, mais bien le *commerce des engagements réciproques du capital, de la production et de la fabrication.* Et comme dans un mécanisme régulier, ces engagements sont des primes, les intermédiaires qui les négocient ne devraient pas courir d'autres risques que des écarts ou différence de primes.

Supposons par exemple deux primes de même ordre : un achat, de 3 fr. de rente, au cours de 56.45 dont 25, suivi d'une vente

Fig. 19. — Achat à prime contre vente à prime égale.

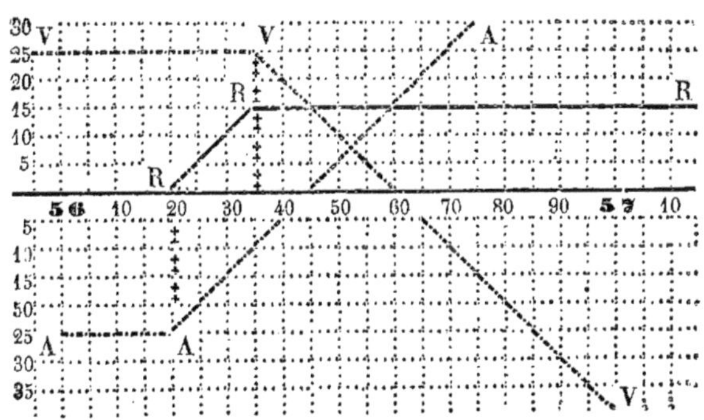

de même quantité au cours de 56.60 dont 25. Traçons sur le tableau les figures AAA, VVV et les lignes de croix correspondant au pied des deux primes en 56.20 et 56.35.

En baisse au-dessous de 56.20, les deux primes se balancent

et la portion correspondante de la résultante se confond avec la ligne des cours; à partir de 56.20 jusqu'à 56.35, la prime AAA est levée, par conséquent la première portion RR de la résultante lui est parallèle et représente un achat. A 56.35, la prime VVV est levée à son tour ,et liquide la prime AAA avec un bénéfice égal à l'écart des cours.

De sorte qu'en cas de baisse, l'intermédiaire n'a ni perte ni gain , en cas de hausse il se trouve en bénéfice ou en perte limité suivant que le cours de la vente est supérieur ou inférieur à celui de l'achat.

Les primes d'ordre différent se combinent par le même procédé que nous venons de décrire, et donnent lieu à des résultantes dont il suffit de donner deux exemples.

La *Fig*. 20 traduit la situation résultante d'un achat à prime dont 0,50 au cours de 56.75 contre une vente à prime dont 0,25 au cours de 56.95. La résultante exprime une perte en baisse

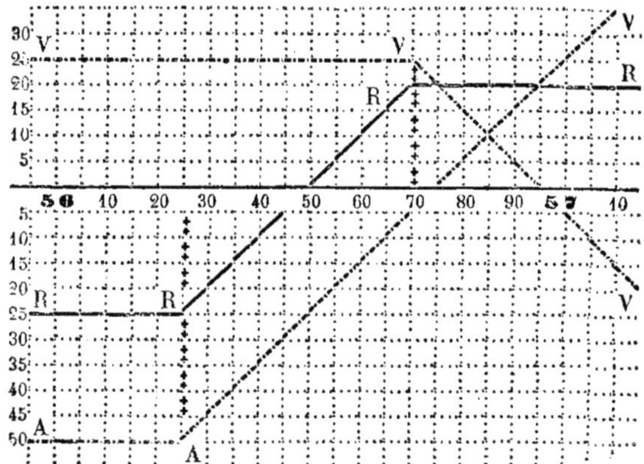

Fig. 20. — Achat à prime contre vente à prime moindre.

au-dessous de 56.25, égale à la différence des primes, un achat
de 3 fr. de rente de 56.25 à 55.70, et un bénéfice égal à l'écart,
au-dessus de ce dernier cours.

Dans l'exemple ci-dessous, c'est la prime la plus forte qui
est vendue, la résultante traduit un bénéfice en baisse et une
perte en hausse, l'un et l'autre également limités.

Fig. 21. — Achat à prime contre vente à prime plus forte.

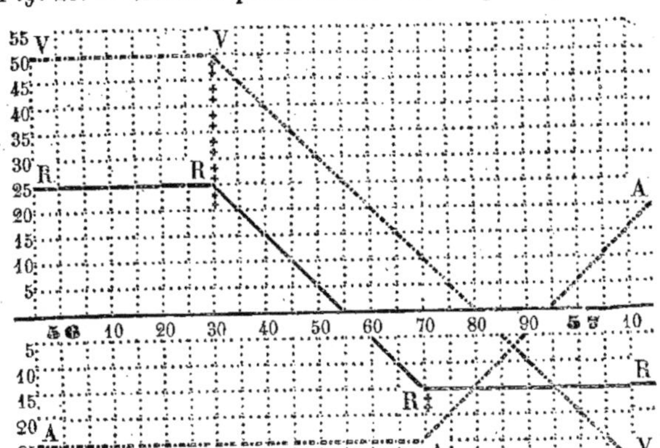

On voit qu'en baisse le bénéfice est égal à la différence des
primes, et qu'en hausse la perte est égale à l'écart des cours. La
caractéristique de la résultante est la même que celle de la
prime dont le cours du pied de la prime est le plus bas. Quant au
cours auquel ressort cette caractéristique, il se forme aisément
en diminuant le cours de la prime la plus forte de la différence
même des primes.

Les opérations dés exemples fig. 20 et 21 sont censées faites
au même moment, par conséquent, la plus faible prime est né-
gociée à un cours supérieur à la plus forte, ce qui a toujours
lieu. Si les primes sont négociées à des moments différents, il
surviendra des modifications dans la résultante que l'on inter-
prêtera aisément.

En thèse générale, on voit que la situation se liquide en bénéfice ou en perte, savoir : en baisse par la différence des primes, en hausse par la différence des cours ; et entre les pieds des primes, on est acheteur ou vendeur selon que le cours d'abandon inférieur appartient à la prime achetée ou à la prime vendue.

Les primes inverses combinées entre elles deux à deux donnent lieu à des résultantes de même forme que celles obtenues des primes directes. La seule différence c'est que la situation est liquidée en hausse par la différence des primes, en baisse par la différence du cours. La figure ci-dessous (fig. 22) qui représente la combinaison de deux primes inverses suffit, au point où nous en sommes, pour compléter cette explication.

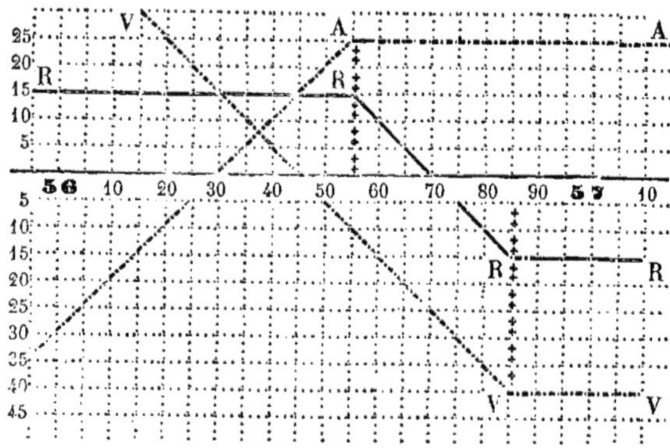

Fig. 22. — Combinaison de deux primes inverses.

Nous n'avons indiqué dans ce qui précède que les cas principaux des combinaisons binaires les plus ordinaires et les plus simples. Le lecteur devra procéder à la discussion méthodique de chacune de ces formules graphiques, en en variant les données de façon à bien se fixer dans l'esprit la loi générale de ces combinaisons.

SITUATIONS COMPLEXES.

*Combinaisons d'opérations simples, fermes ou à primes
en nombre quelconque. — Procédé général.*

Nous n'avons examiné jusqu'ici que les combinaisons simples,
d'opérations liées deux à deux, mais dans la pratique les choses
ont une toute autre complication, et nous devons décrire le procédé général à l'aide duquel on arrive à établir les situations les
plus complexes. Ici, et plus que jamais nous sommes obligés,
faute de mieux, de prendre nos exemples à la Bourse des valeurs
et d'en faire l'application à un fonds d'état, puisque c'est à l'oc-
casion des emprunts que se font les plus grandes opérations de
commerce qui se soient encore produites et parce que le marché
sur lequel elles s'exécutent est assez large pour se prêter à des
combinaisons de toute nature.

Dans ce qui précède, et afin de faire bien comprendre la
situation présentée par une opération à prime, nous avons figuré
celle-ci par une ligne brisée. Dans les combinaisons plus compliquées qui vont suivre, la portion horizontale de la figure de la prime
entraînerait des confusions fâcheuses. C'est pourquoi nous repré-
senterons les primes par leur caractéristique seulement, nous les
arrêtons au point où elles rencontrent la perpendiculaire qui
passe par le *pied de la prime*, et, afin de bien marquer leur
terminaison, nous l'accentuons par un point un peu plus fort;
nous accentuons également sur le tableau la ligne qui représente
le cours d'abandon de la prime et qui passe par le pied de celle-
ci. Enfin, nous arrêtons ces lignes à la ligne des cours, ce qui
marque le cours auquel s'est faite l'opération.

Nous rappellerons aussi que les chiffres inscrits sur la ligne
des cours sont les cours de l'unité cotée, soit 3 fr. pour la rente
3 %, 5 fr. pour la rente 5 %; mais, comme les opérations

réelles portent sur une unité qui est 1000 fois plus grande, soit
3000 fr. ou 5000 fr. de rente, il suffira de multiplier par 1000
les nombres inscrits sur la ligne des cours et les nombres des
bènéfices et des pertes pour avoir les résultats réels ; ainsi le
cours de 3 fr. de rente étant 56 fr., par exemple, le cours de
3000 fr. sera 56,000 fr., ce qui ne change en rien aux rapports
ni aux situations.

Supposons qu'on ait fait les quatre opérations suivantes :

							Montant des primes
N° 1. Vendu	3000 à 56,00,	dont	0,25.	.	250
— 2. »	6000 à 56,30,	»	0,25.	.	500
— 3. »	3000 à 56,80,	»	0,50.	.	500
— 4. »	4500 à 57,00,	»	0,50.	.	750
	16500				2000

Nous écrivons ces opérations sur le tableau où les lignes qui les
représentent portent les mêmes numéros d'ordre, nous traçons les
lignes correspondant aux cours d'abandon des primes, que nous
désignerons également par les mêmes chiffres ; puis nous faisons
le compte des primes qui, ici, sont en bénéfice, et dont la somme
forme 2,000 francs ou 2 francs en ramenant tout à l'unité cotée.
Donc, au cours le plus bas d'abandon des primes, qui est 55,75
et au-dessous, le bénéfice est de 2 francs, que nous représentons
par la portion horizontale R R' de la résultante. De 56.75 à 56.05,
cours d'abandon de la prime n° 2, la prime n° 1 est levée et
devient une vente ferme de 3,000, ce que nous représentons par
la portion R' R" de la résultante. A partir de R", la deuxième
prime est levée et devient du ferme, qui s'ajoute au ferme résultant de l'opération n° 1. C'est donc une nouvelle vente ferme de
6,000, qui, ajoutée aux 3,000 précédents, donne une vente de
9,000, qui se traduit par la portion R" R'" de la résultante ; en

Fig. 23. — Echelle de primes simple.

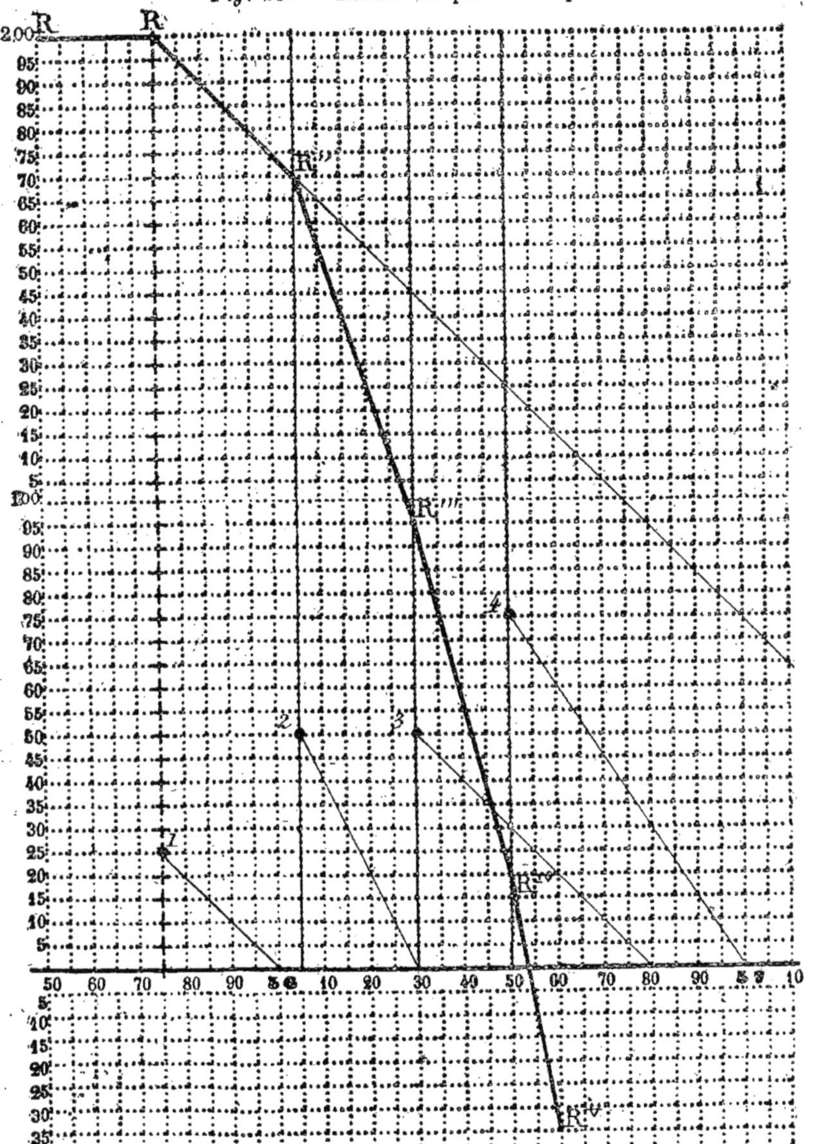

R''', la troisième prime est levée ; c'est une vente de 3,000 qui, s'ajoutant aux 9,000 qui précèdent, forment 12,000, représentés en R''' R^{IV}; enfin, au-dessus de R^{IV}, se lève la prime n° 4 de 4,500, soit 1 fois 1/2 l'unité qui, s'ajoutant encore aux précédentes, forme une vente totale de 16,500 ce que représente encore la dernière portion de la résultante ; car 16,500 contiennent 5 fois 1/2 3,000 ou 11/2 ; la portion R^{IV} R^{V} sera donc la diagonale du rectangle dont 11 divisions formeront la hauteur et 2 la base.

Si l'on prolonge en ligne droite les diverses portions de cette résultante jusqu'à la ligne des cours, on obtiendra le cours auquel ressort la quantité de rente dont on est chargé au moment de la réponse des primes; mais on peut très-aisément déterminer le point de rencontre, et par conséquent le cours cherché, sans avoir besoin de prolonger les lignes, ce qui dépasserait souvent les limites du papier. Il suffit, en effet, de considérer les triangles rectangles formés avec les portions prolongées de la résultante comme hypoténuse, la ligne des cours comme base, et les perpendiculaires à celle-ci passant par le pied des primes comme hauteur.

Le rapport de la base à la hauteur servant précisément à exprimer les quantités, réciproquement, quand ces quantités sont connues, ainsi que la hauteur qui représente un bénéfice ou une perte, on trouve la base, c'est-à-dire la quantité qu'il faut ajouter au cours du pied de la prime, ou dont il faut diminuer ce même cours, pour avoir le cours auquel ressort la portion de la résultante qu'on considère. Ainsi nous savons que la portion R'R'' de la résultante exprime qu'on est vendeur de 3 francs avec un bénéfice de 2 francs au cours de 55.75 : donc R'R'' prolongé formera un triangle dont la base est égale à la hauteur ; par conséquent, le point de rencontre avec la ligne des cours sera de 55.75 plus 2 égale 57.75. De même, R''R''' exprime la vente de 9 francs, ou de 3 fois l'unité, donc la hauteur du triangle en R'' est triple de la base. Cette hauteur est de 1 franc 70 cent., dont le tiers est 0,56 2/3. Donc, il suffira d'ajouter au cours du pied de la prime n° 2, qui est 56.05, le tiers de 1,70, soit 0,56 2/3, ce qui donne 56.61 2/3 pour le cours auquel ressortent ces 9 francs de rente dans la combinaison ci-dessus ; et ainsi de suite. Par conséquent, enfin, la situation est la suivante :

Si la réponse des primes se fait:

Au-dessous de 55.75, on est liquidé par l'abandon des primes et en bénéfice de 2 francs par unité de 3 fr. de rente, soit 2,000 fr.

De 55,75 à 56,05, on est vendeur de	3,000	au cours de	57,75
De 56,05 à 56,30, »	9,000	»	56,61 2/3
De 56,30 à 56,50, »	12,000	»	56,55
Au-dessus de 56,60, »	16,500	»	56,53

Pour comprendre cette opération, il faut se figurer que celui qui l'exécute est ou un commerçant détenteur des titres ou un assureur qui garantit aux divers acheteurs qui lui font contrepartie que les titres leur seront livrés aux cours des achats à primes.

Et, comme le cours des opérations à primes est toujours supérieur au cours des opérations fermes, si c'est un commerçant, il livrera en liquidation la quantité de titres correspondante au cours de réponse des primes, ce qui, *théoriquement*, correspond aux besoins de la consommation du moment ; il aura tiré un certain bénéfice de son opération ; quant à l'excédant, il le garde tout simplement en portefeuille puisque les primes lui sont abandonnées.

Supposons que le cours de réponse des primes soit 56.25 ; nous voyons que la portion de la résultante qui correspond à ce cours exprime un achat de 9,000 fr. de rente. Cela veut dire que sur les 16,500 vendus, il y en aura 9,000 dont les acheteurs, réels ou fictifs, demanderont livraison, et 7,500 qui ne seront pas absorbés et dont on préférera abandonner les primes.

Supposez que tous les marchés aient été *fermes*, les 7,500 ne seraient pas plus absorbés que dans le cas où ils ont été vendus à prime; si la consommation ne les paie pas, et si le vendeur ne veut pas les reprendre, on ne sait à quelle dépréciation ils peuvent arriver (au lieu de 7,500 fr. de rente, supposez 75 millions de rentes), tandis que par l'abandon des primes, le négociant qui les a vendus, obligé de les garder, n'a nul intérêt à les déprécier. D'ailleurs, en les gardant, il récolte les primes comme indemnité.

Si celui qui opère ainsi est un assureur ou un spéculateur, il voit que sur l'ensemble de son opération, au cours de 56.25, il est en bénéfice de 1,100 fr., ce qu'il obtient en remontant la perpendiculaire passant par ce cours jusqu'à la rencontre de la résultante, mais aussi il peut craindre de se voir débordé sur la totalité de ses ventes à partir de 56.53 et en perte au-dessus de ce cours. Afin de parer à cette éventualité ou tout au moins de la reculer, il achètera une certaine quantité de ferme, soit en une fois, soit en plusieurs. Supposons, par exemple, que, au cours de 56.25, il ait racheté ferme 6,000 francs de rente, qui se représentent sur le tableau par la ligne *Af,Af*. Nous pourrions combiner cette ligne avec la résultante des quatre opérations antérieures; mais nous préférons donner un nouvel exemple du procédé de ces combinaisons.

Les primes étant écrites comme ci-dessus et les verticales passant par les cours d'abandon des primes étant également tracées, nous faisons an niveau du cours d'abandon de primes le plus bas, qui est 55.75 (n° 1), le compte des bénéfices et des pertes. En ce cours, on voit directement sur la figure que la somme des

Fig. 24. — Echelle de primes combinée avec du ferme.

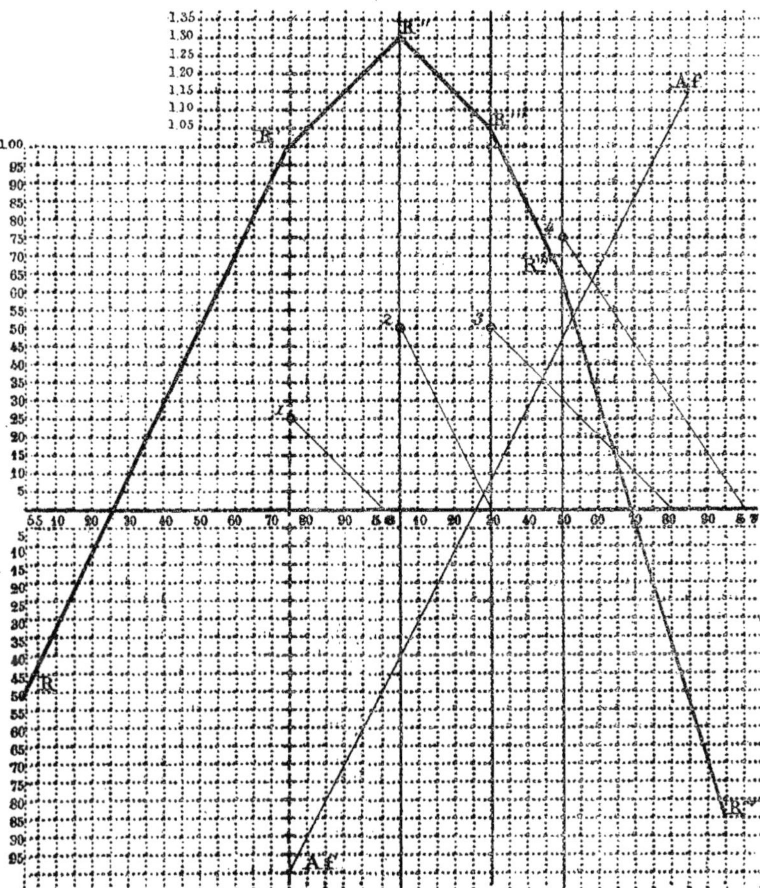

primes vendues est de 2 francs, mais la perte sur le ferme est de
1 franc, ce qu'indique l'intersection de *Af* avec la verticale n° 1 ;
donc il reste 1 franc de bénéfice, que nous marquons sur cette
même verticale au point R'. En baisse au-dessous du cours de
55,75, le bénéfice sur les primes étant constant, la perte sur le
ferme allant, au contraire, en augmentant, il en résulte que la
portion de la résultante au-dessous de ce cours, sera une parallèle
à *Af,Af*, c'est-à-dire exprimera un achat de 6,000, *Fig.* 24.

Au-dessus de 55,75, la prime n° 1 est levée et forme une vente
ferme de 3,000. Au point R' on était acheteur de 6,000, on devient
vendeur de 3,000 on reste donc acheteur de 3,000 seulement
jusqu'au cours d'abandon de la deuxième prime : ce qui s'exprime
par la portion R'R" de la résultante qui représente un achat de
3,000.

Entre 2 et 3, la prime n° 2 est levée et devient une vente ferme
de 6,000 ; acheteur de 3,000 en R", vendeur de 6,000 de 2 à 3,
nous restons vendeur de 3,000, ce qui s'exprime par la portion
R"R"' de la résultante.

A partir de la verticale n° 3, une nouvelle prime est levée, et
devient une vente ferme de 3,000, qui, s'ajoutant à la vente de
3,000 en R", donne une vente de 6,000 jusqu'en R^{IV}, où vient
s'ajouter la nouvelle prime levée n° 4, formant une vente de
4,500 qui, avec les 6,000 précédents donne 10,500 ou 3 1/2 ou 7/2,
ce qui s'exprime par la dernière portion $R^{IV}R^{V}$ de la résultante.

Et ce qui donne la situation suivante :

Si la réponse des primes a lieu :

Au-dessus de 55.75, on reste acheteur de 6.000 au cours 55.25
De 55.75 à 56.05	»	»	3.000	»	54.75
De 56.05 à 56.30	»	vendeur de 3.000		»	57.35
De 56.30 à 56.50	»	»	6.000	»	56.82 1/2
Au-dessus de 56.50	»	»	10.500	»	56.69

Quand on compare cette situation à la précédente, on s'aperçoit que, en même temps que le spéculateur, par un rachat de
6,000, a diminué sa perte en cas de hausse il a reculé également
le cours où il commencerait à être débordé ; mais, par contre,
il a réduit ses chances de bénéfice en baisse, et peut même se
trouver compromis dans leur mouvement de réaction un peu vif ;
c'est pourquoi, en même temps qu'il rachètera du ferme, il
aura soin presque aussitôt de revendre de nouvelles primes.

Cette situation est aussi celle que prend un négociant qui ayant
acheté une certaine quantité de ferme à des cours trop élevés,
vend le plus possible de primes en vue d'obtenir un prix de revient de son ferme de plus en plus bas.

En effet, la figure le montre très-nettement, par le fait des
primes vendues, la ligne Af Af, qui exprime un achat ferme de
6,000 au cours de 56.25, se trouve transportée parallèlement à
elle-même au cours de 55.25, c'est-à-dire 1 franc plus bas. Si
la réponse des primes se fait entre 55.25 et 56.25, le spéculateur
pourra revendre ses 6,000 fr. de rente avec un certain bénéfice ;
tandis que s'il n'eut pas vendu de primes, la baisse survenant
après son achat, il aurait certainement réalisé une perte.

Si, dans cette situation nouvelle, il s'aperçoit qu'il peut être
débordé par la baisse, il pourra revendre tout ou partie de son
ferme avant la liquidation, de façon à ne rester qu'avec les
primes qui lui sont abandonnées et qui atténuent plus ou moins
la perte qu'il a faite sur le ferme.

Le mécanisme que nous venons de décrire sommairement et
qui se complique beaucoup dans la pratique, porte le nom
d'*Échelle de primes*.

Au lieu de racheter du ferme, comme dans l'exemple précédent, le spéculateur peut avoir intérêt à racheter d'autres

primes. Supposons, par exemple, que : les mêmes ventes de primes ayant été faites et tracées sur le tableau (fig. 25) 1, 3, 5, 6, on ait racheté les primes suivantes que nous écrivons également sur le même tableau et que nous désignons par les chiffres qui expriment leur place dans l'ordre de succession des cours du pied des primes, savoir :

$$N^o \ 2. \ \text{Acheté} \ 1,500 \ \text{à} \ 56.40 \ \text{dont} \ 0.50$$
$$- \ 4. \quad - \quad 6,000 \ \text{à} \ 56.45 \quad - \quad 0.25$$
$$- \ 7. \quad - \quad 3,000 \ \text{à} \ 56.90 \quad - \quad 0.25$$

Traçons les verticales passant par le cours des pieds des primes; faisons la somme des primes vendues (1, 3, 5, 6), qui nous donne 2 francs de bénéfice, et des primes achetées 2, 4, 7, qui nous donne 1 fr. de perte; reste un franc de bénéfice, que nous portons au point R sur la verticale correspondant au plus bas cours d'abandon de ces primes, qui est ici 55,75; au-dessous de ce cours, toutes primes étant abandonnées, le bénéfice est constant, ce qui se traduit par la portion horizontale (a) de la résultante.

Entre 1 et 2, la prime n° 1 représente une vente de 3,000; nous traçons, à partir de R la portion (b) de la résultante, représentant cette vente de 3,000.

Entre 2 et 3 apparaît un achat de 1,500 qui, se combinant avec la vente antérieure, réduit celle-ci à 1,500, ce qu'on figure par la portion (c) de la résultante.

Entre 3 et 4 naît une vente de 6,000 qui s'additionne avec les 1,500 précédents pour former une vente de 7,500, représentée par la portion d.

De 4 à 5 apparaît un rachat de 6,000, ce qui réduit à 1,500 la vente antérieure et ce qu'on traduit par la portion e.

6

Fig. 25. — Échelle de Primes contre Primes.

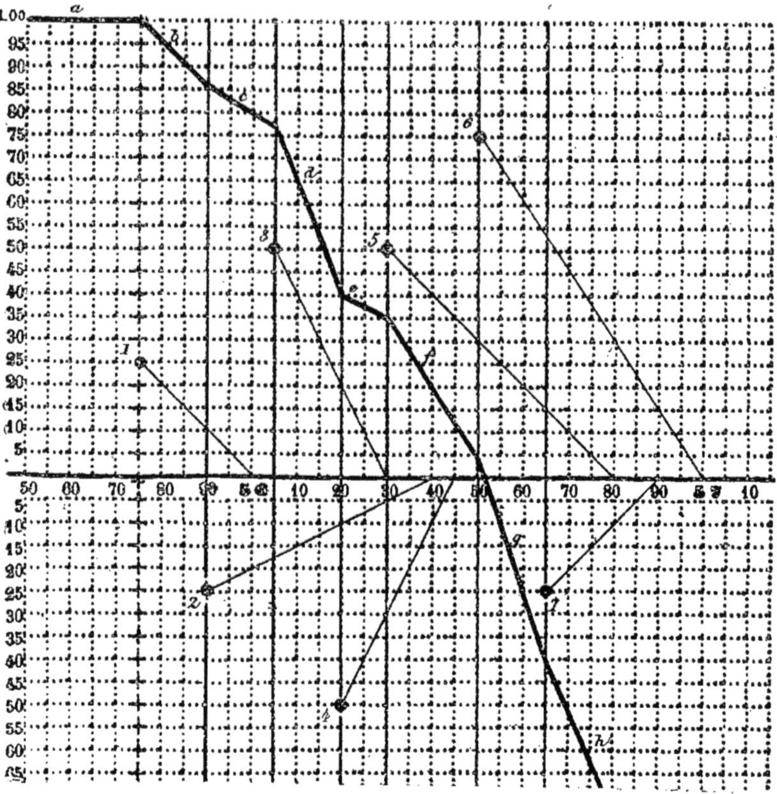

De 5 à 6 vient une vente de 3,000, qui s'ajoute à la vente antérieure de 1,500, pour former la vente totale de 4,500, exprimée par la lettre *f*.

De 6 à 7 nouvelle addition de 4,500 à la vente antérieure, ce qui forme une vente de 9,000, ainsi qu'on le lit en *g*.

Enfin, au-dessus de 7, cette vente de 9,000 se réduit à 6,000 par le rachat de 3,000 qui apparaît en 7. La dernière portion h de la résultante traduira donc une vente de 6,000.

Et le prolongement en ligne droite de toutes ces portions de résultante jusqu'à la ligne des cours, indique le cours auquel ressort la quantité dont le spéculateur reste chargé, suivant les cours de réponse des primes.

Pour trouver la résultante graphique d'un nombre quelconque d'opérations fermes et à primes, le procédé général est donc le suivant : quand on les a écrites sur le tableau quadrillé et tracé les lignes correspondant aux cours d'abandon des primes, il suffit de déterminer le point de la résultante qui se trouve sur le cours d'abandon des primes le plus bas, ce qu'on obtient en faisant en ce cours la somme des bénéfices et des pertes ou leur différence.

A partir de ce point, en baisse, toutes les primes étant abandonnées, la résultante exprime la quantité *du ferme* qui se trouve en combinaison avec les primes, et, par conséquent, cette porti on de la résultante se trace immédiatement.

Maintenant, dans l'intervalle des cours successifs d'abandon des primes, la portion de la résultante déjà obtenue se combine soit par addition, soit par soustraction, avec la prime devenue du ferme entre ces mêmes cours et donne lieu à une portion nouvelle de la résultante, et ainsi de suite jusqu'à ce qu'on ait épuisé toutes les primes.

Il ne reste plus ensuite qu'à lire cette résultante, qui est la figure même de la situation du spéculateur, ou à la traduire en langage ordinaire.

Ainsi le lecteur pourra s'exercer à interpréter la figure ci-après (fig. 26) qui présente un achat ferme combiné avec des ventes et achats à primes et dont la résultante R R R forme une ligne brisée dans laquelle on peut observer des changements de rôles (acheteur ou vendeur), de quantités, de bénéfices ou de pertes, qui constituent précisément l'une des principales difficultés de ce genre de commerce, ainsi que nous l'énoncions au début de cette troisième partie de notre travail.

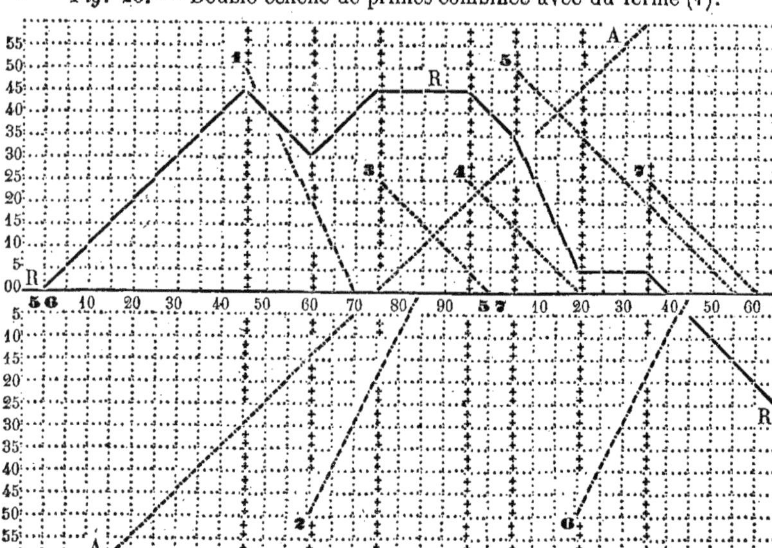

Fig. 26. — Double échelle de primes combinée avec du ferme (1).

Réciproquement une situation étant donnée R R R, par exemple, comme ci-dessus, il s'agirait de déterminer quelles sont les opérations élémentaires qui lui ont donné naissance ; problème assez facile, quoiqu'il n'ait pas un grand intérêt dans la pratique, et qui nous entraînerait trop loin.

(1) Si on observe avec quelque attention cette figure et les précédentes, on remarquera qu'elles ne sont pas faites par les procédés de la gravure ou de la lithographie, mais qu'elles sont formées par des caractères typographiques mobiles.

Quant **aux** *courtages* et aux *frais* divers, ce sont des
constantes dont nous n'avions pas ici à tenir compte, qui n'altèrent pas la forme générale des résultantes, mais qui en abais-
sent seulement la position sur le plan du tableau.

Une des difficultés de l'exposition de toute méthode qui procède du
concret à l'abstrait, consiste dans la nécessité de faire passer sous les
yeux ou dans l'esprit du lecteur un certain nombre d'images ou d'idées
(ειδοσ image), de cas particuliers d'où se dégage ensuite la notion générale. Bien que cet opuscule ne soit qu'un abrégé extrêmement succinct,
on voit que les images y sont déjà nombreuses, et dans un traité plus
étendu, leur exécution par les procédés antérieurs entraînerait des frais
de gravure considérable. C'est en vue de les éviter que nous avons ima-
giné un alphabet typographique particulier, qui n'est encore, sans
doute, ni parfait, ni complet, comme on le verra facilement; mais qui,
tel qu'il est, est très-suffisant pour l'immense majorité des cas.

On peut donc composer toutes ces figures et varier à l'infini les cas
particuliers, comme on compose du texte ordinaire dans une imprimerie
quelconque, sans qu'il en coûte davantage.

Ce détail a bien son importance pratique ; cette méthode et ses procédés d'exécution nous sont entièrement personnels et nous entendons
réserver tous nos droits sur leurs applications diverses; mais nous ne
voulons aucunement mettre obstacle à ce que d'autres auteurs, plus ha-
biles que nous dans l'art d'exposer, ou qui auraient creusé plus profon-
dément la même voie, soient arrêtés dans la publication de leurs idées
ou de leurs recherches, soit sur le même sujet, soit sur d'autres auxquels s'adapteraient les mêmes procédés d'exposition.

La considération qui pourrait les arrêter consisterait en partie dans le
prix des gravures qui, par les moyens ordinaires, serait effectivement
assez élevé ; mais nous mettrons à leur disposition des jeux de caractères à peu près au même prix que les caractères courants d'imprimerie ; et comme leur composition ne doit pas être plus chère que celle
du texte, cet obstacle à la publication de livres plus ou moins étendus et
plus ou moins variés disparaît complètement. Quant aux conditions
d'accord préalable pour l'adaptation de cette méthode, elles seront telles
qu'elles ne sauraient empêcher non plus sa vulgarisation.

Mode de formation directe de la situation numérique. — Comptabilité des opérations de grand commerce et de Bourse.

Quand on s'est bien rendu compte du mode de formation de la situation par le procédé graphique, qu'on a dans l'esprit des images très-nettes et ineffaçables des diverses opérations et de leur mode de combinaison, on dresse avec la plus grande facilité la situation numérique sur un simple carnet qui devra être réglé, comme on le voit ci-contre, et qui est disposé de manière à représenter autant que possible, le tableau qui nous sert d'instrument de démonstration.

Supposons qu'on ait fait sur la rente 5 % les opérations suivantes :

Acheté	5,000 à 91.95/25.	Vendu 10,000 à 92.10/25.
»	10,000 à 92.20/25.	» 5,000 à 92.25 ferme.
»	15,000 à 92.85/25.	» 7,500 à 92.65/50.
»	5,000 à 93.30/1.	» 15,000 à 93.25/25.
»	5,000 à 93.35/50.	» 5,000 à 93.50/1.
»	5,000 à 93.45/25.	

Le lecteur, qui voudra s'exercer, devra les traduire sur le tableau quadrillé et en chercher la situation graphique comme nous avons appris à le faire ; ce résultat étant obtenu il passera à l'établissement de la situation numérique sur le carnet spécial que nous allons décrire.

On voit d'abord que les ventes sont séparées des achats par une colonne (n° 4), où se trouvent placés les cours.

Cette colonne doit contenir tous les cours successifs auxquels peut être cotée la marchandise ou la valeur sur laquelle on opère, de façon à ce que chaque opération puisse se mettre de suite à la place qui lui appartient.

Type d'un carnet de situation de grand commerce
ou de Bourse.

	ACHATS.			Cours d'abandon des Primes.	VENTES.			SITUATION au moment de la réponse des Primes.		
	Montant des primes.	Cours de négocia-tions.	Quantités.		Quantités.	Cours de négocia-tions.	Montant des Primes	Bénéfice ou Perte, Primes aban-données.	Situation du ferme Primes levées.	
									Quantités.	Cours.
	1	2	3	4	5	6	7	8	9	10
					5.000	92.25	ferme		V. 5.000	92
1	250	91.95/25	5.000	91 70				B. 300 f.		
2				85	10.000	92.10/25	500	B. 300	V. 10.000	92
3	500	92.20/25	10.000	95				B. 100	Liquid.	
4				92 15	7.500	92.65/50	750	B. 100	V. 7.500	92 225
5	1.000	93.30/1	5,000	30				P. 125	V. 2.500	92 05
6				50	5.000	93.50/1	1.000	P. 225	V. 7.500	92 35
7	750	92.85/25	15.000	60				P. 375	A. 7.500	92 85
8	500	93.35/50	5.000	85				P. »	A. 12.500	92 85
9				93 »	15.000	93.25/25	750	B. 375	V. 2.500	93 75
10	250	93.45/25	5.000	20				B. 275	A. 2.500	92 65
	3.250		45.000		42.500		3,000			

Dans le petit tableau ci - dessus, nous avons supposé le carnet arrêté, et nous avons supprimé tous les cours intermédiaires auxquels ne s'était faite aucune opération, afin de ne pas allonger inutilement ce tableau.

Les primes sont inscrites non pas au cours où elles sont négociées, mais au cours du pied de la prime qui s'obtient en diminuant le cours, du montant de la prime. Ainsi, on a acheté 5.000 à 91.95/25. On les inscrira au cours de 91.70 ; de même, on a vendu 10.000 à 92.10/25, on les inscrit en face de 91.85.

Le montant des primes payées ou reçues sont inscrites dans les colonnes 1 et 7, et additionnées.

Quant aux opérations fermes, elles sont inscrites à part, on en fait la moyenne que l'on inscrit sur la première ligne du carnet, à l'achat ou à la vente, ainsi que le cours auquel ressort cette moyenne.

Ces opérations ainsi disposées dans les sept premières colonnes du carnet, on va calculer les résultats qui devront être inscrits dans les trois dernières :

1° On commence d'abord par déterminer le bénéfice ou la perte au niveau du pied des primes le plus bas qui est ici 91.70.

Sur les primes achetées on perd en ce cours 3,250 fr.; sur les primes vendues on gagne 3,000 fr.; différence , 250 fr. de perte. Mais, en ce même cours, il y a sur le ferme vendu un bénéfice de 550 fr.; restent donc 300 fr. de bénéfice, que nous incrivons dans la colonne n° 8, en face de 91.70.

Au-dessous de ce cours, toutes les primes étant abandonnées, on reste vendeur de 5,000, et, comme on vient de voir qu'en 91.70 le bénéfice sur les 5,000 était de 300 fr., il en résulte que le cours auxquels ils ressortent est 91.70, plus 0.30, c'est-à-dire 92 fr.; nous inscrivons donc 5,000 dans la colonne n° 9, en le faisant précéder d'un V qui veut dire *vendu*, et le cours 92 dans la colonne n° 10.

A partir de ce moment nous ne nous inquiétons plus du tout du montant ni du cours des primes qui vont être successivement levées. Les seules choses qui doivent nous préoccuper sont les sommes sur lesquelles portent les opérations, et le sens de ces opérations suivant que ce sont des achats ou des ventes.

Ainsi, à 91.70 se lève un achat de 5,000 qui liquide la vente antérieure ; nous savons qu'en 91.70 le bénéfice était de 300 fr., donc, à 91.85 où se lève une nouvelle prime, le bénéfice est encore de 300 fr., que nous inscrivons dans la colonne n° 8, en face de 91.85.

Au cours de 91.85 se lève une vente de 10,000, qui, à ce même cours, correspondait à un bénéfice de 300 fr.; donc, ces 10,000 ressortent au cours de 92 (1).

A 91.95 survient un achat de 10,000 qui liquide la vente antérieure; en ce cours, les 10,000 vendus à 92 offraient un bénéfice de 100 fr., ce bénéfice reste le même jusqu'à 92.15 où apparaît une vente de 7,500, avec un bénéfice de 100 fr., ce qui fait ressortir le cours de ces 7,500 à $91.15 + 0{,}075 = 92.225$. Nous inscrivons donc dans la ligne de 92.15, B. 100 dans la colonne n° 8; 7,500 dans la colonne n° 9, et 92.22 1/2 dans la colonne 10.

Au cours de 92.30, il y a sur les 7,500 vendus à 92.22 1/2 une perte de 125 fr. que nous inscrivons à la colonne 8 : P 125; ét apparaît un achat de 5,000, ce qui réduit à 2,500 la vente antérieure; nous inscrivons donc dans la colonne 9, 2,500 et nous calculons le cours auquel ils ressortent : puisque à 92.30 on perd 125 fr. sur 2,500 vendus, il en résulte qu'il faut diminuer 92.300 de 2 fois la perte 250 fr., ce qui donne 92.050 ou 92.05, qu'on inscrit dans la 10e colonne; et ainsi de suite comme on l'a fait par le procédé graphique.

On voit donc que les deux procédés concordent.

Chacun d'eux a en effet ses avantages et ses inconvénients. Le procédé graphique est surtout un procédé de démonstration; il est destiné à former dans l'esprit des images, et, par conséquent, des idées nettes sur les opérations auxquelles on se livre, et sur les situations qui en résultent. Il ne serait pas commode pour la pratique ordinaire et courante, en raison des dimensions

(1) Se rappeler la relation entre la base et la hauteur d'un triangle rectangle.

de la feuille qu'on devait employer (1); mais il est le procédé didactique par excellence, et aucune autre méthode ne saurait être plus utilement employée dans cet enseignement spécial.

(1) Les principes de cette méthode ont été exposés pour la première fois en 1870 dans notre *Traité des valeurs mobilières et des opérations de Bourse*, développés dans les numéros de juillet, octobre 1873, et et avril 1874, du *Journal des Actuaires français*, sous le titre de PHYSIOLOGIE et MÉCANIQUE SOCIALES.

Soumise, pour son application à la Bourse, à l'examen de la Compagnie des Agents de change de Paris, cette méthode a fait l'objet de la lettre suivante :

<table>
<tr><td>

COMPAGNIE
des
AGENTS DE CHANGE
—
CHAMBRE SYNDICALE
6, rue Menars, 6.
—

</td><td>

Paris, 27 février 1874.

A M. H. Lefèvre, 106, rue d'Amsterdam.

</td></tr>
</table>

MONSIEUR,

La chambre syndicale a écouté avec intérêt le rapport de celui de ses membres qu'elle avait chargé d'étudier votre méthode des opérations de Bourse.

Elle a décidé que vos tableaux pouvant être utiles aux membres de la Compagnie, il y avait lieu de souscrire à 60 exemplaires, que je vous prie de vouloir bien faire remettre à notre caisse commune, 6 rue Menars.

Quant à l'enseignement supérieur financier dont vous lui avez envoyé le programme, j'ai le regret de vous informer que le budget de la Compagnie ne permet pas de subventionner une entreprise de cette nature. Quelqu'intérêt que mérite le but que vous poursuivez, la chambre syndicale ne saurait, sans inconvénient, s'associer à sa réalisation.

Recevez, etc.

Le syndic de la Cie des Agents de change de Paris,
F. Moreau.

Mécanisme général des grandes opérations de Commerce.

Un exemple suffit pour expliquer en quelques lignes tout le mécanisme du commerce :

Supposons qu'un négociant du Havre expédie des marchandises françaises au Brésil, et donne ordre à son correspondant de Rio-Janeiro de lui en faire passer à Trieste la valeur en cafés. En même temps, il donne ordre à son correspondant de Trieste de lui expédier des blés pour la valeur des cafés que celui-ci recevra du Brésil.

Cette triple opération, ordonnée le même jour au Hâvre, s'exécute simultanément à Rio et à Trieste, de sorte que les blés de Trieste arriveront au Hâvre, à peu près aussi vite qu'y viendraient les cafés de Rio, si le retour des marchandises expédiées au Brésil avait dû se faire en cafés.

Les négociants de Rio et de Trieste n'attendront pas, pour exécuter les ordres de celui du Hâvre, qu'ils soient en possession, le premier des marchandises françaises, le second des cafés du Brésil. Le négociant du Hâvre, en même temps qu'il expédie fera traite sur son correspondant de Rio, et négociera sa traite, soit sur place, soit dans toute autre ville de commerce, où le change lui en donnera le meilleur prix.

A son tour le négociant de Rio fera traite sur celui de Trieste pour le montant de ses cafés, et vendra de même sa traite à Rio.

Enfin le négociant de Trieste, en même temps qu'il expédie des blés sur son correspondant du Hâvre, tire également sur ce dernier et négocie sa traite.

De sorte que, sans déplacer de numéraire (sinon pour les

soldes), on aura fait circuler des produits du Hâvre à Rio, de Rio à Trieste, et de Trieste au Hâvre, et chacun des négociants se trouvera avoir immédiatement reconstitué son capital avec lequel pourra être recommencée une opération nouvelle.

Le déplacement des marchandises étant mis en train, il s'agit de procéder à la deuxième phase de l'opération qui consiste à les réaliser pour effectuer en temps opportun le paiement des traites qui ont été négociées.

A moins que les marchandises qu'il reçoit et qui sont des objets de consommation directe, ne lui aient été demandées par ses commettants, le négociant de Rio ne les vendra en général qu'après les avoir reçues, et s'arrangera de manière à ce qu'elles lui soient payées avant l'échéance de la traite du Hâvre, ou à ce qu'elles lui soient *réglées* soit en valeurs sur l'Europe qu'il négociera, soit en valeurs du pays qu'il escomptera à la Banque locale.

Mais le négociant de Trieste qui va recevoir des cafés, et celui du Hâvre à qui on expédie des blés, n'attendront pas que ces marchandises soient à quai pour les vendre au comptant, comme le voudraient les économistes et les légistes ; ce serait un sûr moyen de réaliser une perte.

Ces marchandises seront vendues à terme, et avant même d'être à bord, de façon à pouvoir être livrées quand elles seront arrivées à destination. En effet, l'opération du négociant du Hâvre est un *arbitrage* entre les cours des cafés et des blés sur les trois places sur lesquelles il opère, au moment où il transmet ses ordres ; et en raison des délais de distance il est évident que cet arbitrage ne peut être réalisé qu'au moyen des marchés à terme, ce qui suffit pour justifier de la nécessité absolue de ceux-ci.

Mais maintenant ces marchés seront-ils *fermes* ou à *primes* ?

Il faut remarquer que le vendeur qui attend la marchandise n'est jamais sûr de pouvoir la livrer, puisqu'elle peut périr en route. Sans doute l'assurance maritime couvre la perte, mais « l'estimation est faite suivant le *prix courant, au temps et* » *lieu du chargement* » (code de commerce, art. 339), et ceci ne regarde pas l'acheteur qui demandera livraison à l'époque convenue. Si la marchandise a haussé, le vendeur *ferme* sera obligé de se la procurer pour exécuter son engagement, peut-être sur le marché du comptant, et sa perte peut être illimitée. C'est contre une telle éventualité qu'il se couvrira par une prime à recevoir (page 46, fig. 6). Mais le cas n'est jamais simple, la marchandise ne sera pas vendue d'un seul coup, d'où la nécessité de connaître la situation résultante de combinaisons plus ou moins variées.

On se préoccupe beaucoup de notre commerce d'exportation; et on cherche une foule de petits moyens pour le développer. Or, à moins de retomber dans le *système mercantile*, il n'y a pas d'exportations de produits industriels sans une importation correspondante de matières brutes et celle-ci ne peut avoir lieu qu'à la condition de trouver un grand marché sur lequel les négociations soient larges et faciles.

Mais comment de tels marchés pourraient-ils s'établir en France, puisque les lois, qui ne sanctionnent jamais que les mœurs du passé, s'opposent, en méconnaissant la nécessité des engagements à terme, au fonctionnement régulier du grand commerce qui est le fait du présent et la tendance de plus en plus prononcée de l'avenir ?

Nous sommes loin d'avoir épuisé ce sujet si vaste et encore si nouveau. Nous n'avons fait qu'ébaucher la partie la moins connue de la science du commerce ; on a pu juger que cette science est plus difficile qu'on se le figure d'ordinaire, et qu'elle mérite d'attirer l'attention des esprits les plus distingués (1).

Sans doute, il s'en faut de beaucoup que le mécanisme que nous avons sommairement décrit soit réalisé dans le monde industriel et commercial ; ce n'est guère qu'à la Bourse des valeurs qu'on trouve les indications qui permettent de s'en faire une idée nette, et qu'on peut se rendre bien compte de ce maniement fondamental des primes, qui sont destinées à devenir, comme nous croyons l'avoir démontré, l'une des conditions indispensables du fonctionnement régulier des divers agents de la circulation sociale : car elles doivent être comprises dans le sens d'assurances destinées à garantir contre des risques illimités les producteurs, ou les intermédiaires, et à laisser les chances, aléatoires au capital qui est apte à les supporter.

Ici du reste l'intérêt général se concilie avec l'intérêt particulier. En toute espèce d'assurance, les bénéfices des assureurs sont, comme on sait, considérables ; tandis que les primes payées par les assurés sont relativement minimes pour chacun. A la Bourse, les vendeurs de primes, qui sont de véritables assureurs, quand ils ont les capitaux suffisants, tirent régulièrement de leurs opérations un intérêt très-élevé. Il en sera de même dans le grand commerce des denrées de première nécessité, lorsque les agriculteurs qui les produisent, et les fabricants qui les transforment, cesseront d'être, ce qu'ils sont presque tous, sans s'en douter, des spéculateurs au petit pied, pour devenir des *assurés* ; et lorsque les grands capitaux, qui finissent par ne plus trouver d'emploi dans les valeurs stériles de la bourse, auront compris qu'il y a plus de profits pour eux à se faire les assureurs de la production qu'à être les usuriers de gouvernements aux abois qu'un gaspillage insensé conduit à la banqueroute.

(1) Il n'échappera pas aux mathématiciens que l'algèbre, *le calcul différentiel* et *intégral* s'appliquent tout naturellement à des opérations de commerce qui ont en vue des *différences* et des *sommes*.

PROGRAMME

DE

L'ENSEIGNEMEMT COMMERCIAL ET FINANCIER

A L'INSTITUT POLYTECHNIQUE.

Pour manœuvrer ces grandes accumulations de produits et de capitaux qui se forment et se concentrent de plus en plus depuis le commencement du siècle, il ne suffit pas de quelques notions sommaires d'arithmétique et de comptabilité qui constituent jusqu'ici à peu près tout le bagage des négociants et des financiers. L'apprentissage dans un magasin ou dans un bureau ne suffit pas davantage, bien qu'il soit le complément indispensable de toute éducation scientifique. L'enseignement commercial et financier doit être à la hauteur de celui des grandes écoles d'application, des ponts et chaussées, des mines, du génie, de l'artillerie, de la marine, etc., etc. Celui qu'on reçoit actuellement dans les écoles de commerce, telles qu'elles sont organisées, n'a rien qui le distingue sérieusement de l'instruction primaire, à cette seule différence que les classes s'appellent des comptoirs, et qu'on y apprend l'art de ficeler des paquets !!!

On se plaint de manquer de professeurs pour ces sortes d'écoles. Mais, pour avoir des professeurs, il faut ou un attrait scientifique ou un intérêt social qui mérite l'attention des esprits distingués. Or, jusqu'ici, dans les banalités qu'on ressasse sur le commerce, l'intérêt social n'est pas bien évident, et, dans tous les cas, il est singulièrement subordonné aux intérêts particuliers qui n'ont rien d'intéressant.

Dans les *écoles supérieures de commerce* c'est le professeur de comptabilité qui marche en tête du personnel. Il suffit de jeter un coup d'œil sur la liste des cours pour s'apercevoir qu'aucune espèce de méthode n'a présidé à leur organisation, et qu'en l'absence d'idées générales sans lesquelles tout enseignement est impossible, on tombe dans l'incohérence ou la puérilité des détails.

En réalité, on n'apprend rien de sérieux dans ces sortes d'écoles, et il en sera ainsi tant qu'on n'aura pas relevé le niveau d'un tel enseignement (1).

La question ést grave cependant. La véritable force sociale moderne est la richesse ; le monde commercial et financier qui la détient et la gouverne ne brille ni par le savoir, ni, en général, par la moralité. — Les fraudes, les scandales y sont éclatants et nombreux. Les sermons, les réquisitoires, les lois elles-mêmes portent à faux ; celles-ci sont ouvertement violées et ne remédient à rien.

La science seule en éclairant un ordre de phénomènes, mal connu et mal étudié, peut en assainir le terrain. Les esprits droits font les cœurs honnêtes, et la rectitude de l'esprit s'acquiert surtout par la pratique des sciences exactes. C'est pourquoi un enseignement commercial et financier, appelé à moraliser la richesse, en même temps qu'il apprendra à la gouverner, doit être plus élevé qu'aucun autre. En ébauchant le programme ci-après, nous croyons avoir fait un pas dans cette voie.

(1) C'est ce qui résulte d'un très-intéressant rapport de M. Masquelez, ingénieur en chef des ponts et chaussées, sur la réorganisation de l'*Institut industriel, agronomique et commercial du nord de la France* à Lille.

Mais il en reste bien d'autres à faire, car les phénomènes sociaux dont il s'agit ici présentent un vaste champ à explorer, qu'on ne saurait aborder avec fruit sans une préparation préalable, plus sérieuse qu'on ne l'a pensé jusqu'ici.

Quelqu'imparfait que soit encore notre programme, il suffira cependant à donner une idée du but que nous poursuivons, et pour l'accomplissement duquel nous comptons sur le concours des hommes intelligents et dévoués qui comprennent les véritables besoins de notre époque.

I

NOTIONS GÉNÉRALES

Mathématiques Commerciales et Financières.

On suppose que l'élève est familiarisé avec les éléments de l'arithmétique, de l'algèbre et de la géométrie, qu'il a suivi par exemple les cours qui se font actuellement à l'INSTITUT POLYTECHNIQUE de sorte que le professeur n'aie qu'à en faire une révision générale, en l'adaptant au sujet spécial qu'on a ici en vue.

Rapports de deux nombres. — Suite de rapports égaux. — Proportions.

Rapports des grandeurs. — Grandeurs proportionnelles, — Grandeurs inversement proportionnelles.

Règle de trois simple, directe et inverse. — Règle de trois composée, — Méthode de la réduction à l'unité. — Méthode par les proportions. — Concordance des deux méthodes.

Intérêt de l'argent prêté. — Intérêt annuel. — Capital. — Taux. — Intérêt. — Détermination d'un de ces éléments connaissant les deux autres. — Formule générale. — Discussion. — Intérêt mensuel, — hebdomadaire, — diurne . — Intérêt pendant un nombre de jours donné. — Méthode des diviseurs. — Méthode des multiplicateurs. — Méthode des parties aliquotes. — Application aux calculs des bordereaux . — Escomptes — en dedans, — en dehors. — Applications aux calculs des comptes courants. — Méthode directe ou ancienne. — Méthode indirecte ou nouvelle. — Nombres rouges. — Comptes courants par soldes. — Méthode hambourgeoise.

Théorie générale des changes. — Monnaies réelles. — Monnaies de compte . — Lecture et interprétation des cotes des diverses places. — Certain et incertain. — Définitions diverses .

Changes directs, — indirects. — Des parités. — Deux cas, selon qu'on achète sur une place pour vendre sur une autre , — selon qu'on liquide une opération avec une place étrangère. — Méthode de la réduction à l'unité. — Méthode des proportions. — Méthode de la règle conjointe.

Suite du même sujet. — Arbitrages. — Nivellement des cours. — Chiffrage des cotes. — Changes fixes. — Tableaux de parités de changes directs. — Des trois positions de l'arbitragiste.

Applications à divers calculs de Bourse. — Calcul du prix d'une rente, — de l'intérêt d'un titre. — Valeur d'un emprunt dont les versements sont fractionnés. — Problêmes divers. — Bons du Trésor (escompte des). — Des reports et de l'intérêt qu'ils donnent. — Tableaux d'intérêts pour les reports. — Leur mode de formation. — Déports.

Lecture et interprétation des cotes de Bourse sur les principaux marchés. — Parités des valeurs sur les divers marchés. — 5 p. 100 français, — italien, — lombards, — fonds américains, etc., etc.

Intérêts composés ou progressifs.—Établissement de la formule générale. — Impossibilité de résoudre l'équation par les procédés arithmétiques ordinaires. — Théorie des progressions . — Construction et usages des tables de logarithmes.

Suite du même sujet. — Discussion de la formule générale de l'intérêt composé . — Recherche du montant , — du taux , — de l'intérêt. — Applications des tables logarithmiques. — Temps au bout duquel un capital est doublé, triplé, quadruplé à divers taux d'intérêt.

Construction et usage des tables d'intérêt composé. — Tables de Violeine, d'Eugène Pereire. — Tableaux graphiques.— Applications. — Valeur de 1 franc placé à intérêt composé après un certain nombre d'années , — de mois , — de jours. — Valeur actuelle de 1 franc payable au bout d'un certain temps. — Escompte à intérêts composés. — Échéance commune moyenne.— Questions relatives aux bois taillis.

Des placements annuels et des annuités. — Construction et usages des tables d'annuités de Violeine et de Pereire. — Tableaux graphiques:—Annuités variables ,—différées , — anticipées , — payables par fractions d'année.

De l'amortissement. — Diverses manières de rembourser un emprunt.—Amortissement par annuités ,—par semestre , — par trimestre. — Application aux emprunts, aux obligations du Crédit foncier.

Amortissement de rentes perpétuelles. — Caisse d'amortissement. — Son fonctionnement.— Amortissement d'obligations.— Construction d'un tableau d'amortissement.

Emprunts par obligations : remboursables au pair,—remboursables avec lots et avec intérêts. — Sans intérêts. — Avec intérêts ajoutés aux lots au moment du remboursement. — Valeur réelle de ces obligations.

Notions sommaires sur les permutations, combinaisons et arrangements. — Exemples divers.

De la probabilité mathématique. — Notions générales. — Application à quelques questions.

Des assurances. — Principe de la théorie mathématique des assurances en général. — Assurances contre l'incendie — contre les risques maritimes, — sur la vie.

Tables mortuaires, de survie. — Tables de Deparcieux, — de Duvillard. — Vie moyenne. — Vie probable. — Construction d'une table de tarifs dans une compagnie d'assurances sur la vie. — Rentes et versements viagers, etc., etc.

Analyse indéterminée. — Notions sommaires. — Discussion et interprétation de la formule. — $ax+by=c.$ — Traduction géométrique de cette formule. — Principes élémentaires de géométrie analytique. — Applications.

Procédés graphiques. — Représentation graphique d'une série d'événements dont la loi n'est pas connue. — Indications qu'on peut en tirer. — Représentation d'une série d'événements dont la loi est connue. — Application à la cote d'une valeur et aux opérations auxquelles elle donne lieu.

Principes généraux de comptabilité. Des applications de la comptabilité aux divers genres de commerce et d'industrie.

II

COURS SPÉCIAL

Le Commerce ordinaire et la Banque.

Considérations générales sur les origines du commerce. — Division du travail. — Tendance à la création de matériaux conservables. — Théorie sommaire de la richesse et de la monnaie.

Origine et formation de la Banque : — Le changeur. — Le prêteur sur gages. — L'escompteur. — Le banquier. — Le billet de banque. — Rôle du billet de banque dans l'augmentation de la production. — Le crédit.

Mécanisme du commerce de fabrication. — Rôle du billet de banque, du papier-monnaie. — Circulation. — Rapports de la circulation avec l'encaisse et le portefeuille.— Cause des crises financières.— Intervention de l'État, cours forcé, etc., etc.

La matière bancable. — La monnaie. — Notions générales et détails sur sa fabrication. — Le monnayage en France, en Angleterre et en Allemagne.

Billets à ordre, — Lettres de change. — Mandats. — Chèques. — Dispositions. — Traites. — Tirages. — Remises. — Connaissements. — Warrants. — Récépissés. — Banknotes. — Billets de Banque. — Greenbaks. — Banco Zettel, etc., etc., etc. — Valeurs mobilières. — Coupons.

Les opérations de banque. — Change simple de monnaie. — Prêts à intérêts. — Escompte. — Réescompte. — Recouvrements. — Versements.

Opérations de change. — Parités. — Arbitrages de banque et de bourse. — Commerce des valeurs et des métaux précieux.

Usage et usances des principales places de commerce et de banque :

Alexandrie,	Hambourg,
Amsterdam,	Italie,
Athènes,	Lisbonne,
Berlin,	Londres,
Brême,	Madrid,
Bruxelles et Anvers,	New-York,
Constantinople,	Paris,
Christiana,	Rome,
Copenhague,	Saint-Pétersbourg,
Danubiennes (Principautés),	Stockholm,
Indes-Orientales,	Trieste,
Francfort,	Vienne,
	Varsovie,

Applications des opérations de banque à chacune de ces places. — Changes. - Monnaies.

Le *changeur*. — Profession du changeur proprement dit. — Matières et monnaies sur lesquelles il opère. — Connaissances nécessaires. — Bénéfices et pertes. — Règlements relatifs à la profession. — Son extension au commerce des valeurs mobilières et des coupons. — Dangers et abus. — Considérations générales sur ce commerce. — Comptabilité spéciale.

L'*escompteur*. — Matière de l'escompte. — Connaissances néces. saires à l'escompteur. — Emploi de son capital propre. — des dépôts. — Règle de conduite. — Réescomptes. — Formation des bordereaux. — Recouvrements. — Tarifs, etc. — Comptabilité spéciale.

Le *banquier*. — Opérations du banquier proprement dit. — Commerce des monnaies et métaux précieux. — Commerce des changes. — Dépôts. — Placements de fonds. — Emploi du capital propre. — Emploi des dépôts. — Règles générales de la profession. — Ouvertures de crédit. — Comptes courants. — Comptabilité spéciale. — Des banquiers dans les différents pays, — en Angleterre.

La Banque et les Banques. — Opérations d'une banque d'émission et de circulation. — Organisation d'une banque publique. — *Banque de France.* — Historique. — Fabrication et émission des billets de banque. — Circulation. — Portefeuille. — Analyse du bilan.

Banque d'Angleterre. — Historique. — Son organisation, ses opérations. — Bancknotes. — Circulation. — Portefeuille. — Analyse de son bilan.

Banques d'Autriche, de Prusse, de Belgique, de Hollande, etc. Banques aux États-Unis. — Leur organisation , etc.

Considérations générales sur les banques d'État. — La question des banques.

III

COURS SPÉCIAL

Le haut Commerce, la Finance et la Bourse.

Formation des richesses sociales. — Accumulation des matériaux nutritifs et des matières premières. — Leur concentration nécessaire. — Rôle des capitaux métalliques considérés comme marchandises inaltérables. — Leur fonction sociale. — Hiérarchie du commerce. — Négociant en gros. — Intermédiaires. — Détaillant. — Producteur. — Capitaliste. — Fabricant.

Théorie générale de la circulation des denrées de première nécessité; mode spécial d'après lequel s'accomplit leur commerce. — Grains et farines. — Alcools. — Huiles. — Cotons. — Laines, etc. — Marchés ordinaires de grand commerce.

Théorie générale de l'épargne. — Quand les besoins nutritifs sont suffisamment satisfaits, les capitaux disponibles se portent sur les besoins de perfectionnement.

Origine et historique de la *Bourse*. — Distinction du banquier et du financier. — Sociétés financières. — Crédit Mobilier, — Foncier, etc.

Matières de la Bourse. — Valeurs mobilières, — Ce qu'elles représentent. — Rentes et fonds d'État. — Théorie de la rente. — Théorie du 3 pour 100. — Conversions. — Soultes, etc.

Actions et obligations. — Leur formation et leur constitution. — Mode de remboursement. — Discussion des types 3 et 5 p. 100. — Dividendes. — coupons, etc. — Des obligations à lots.

Des opérations ordinaires de commerce et de bourse : — Achat et vente au comptant, — ferme à terme, — à terme et à prime. — Classification et répartition de ces opérations entre les diverses espèces de négociants. — Origine et raison d'être de chacune d'elles.

Nécessité d'une notation spéciale pour représenter et combiner les opérations du haut commerce. — Méthode de H. Lefèvre. — Ce qu'est un bilan de spéculation. — Description du tableau fondamental. — Détermination des bénéfices et des pertes, — isolés, — en série continue. — Figure de l'achat et de la vente ferme, — à prime.

Numération graphique. — Mode de notation. — Figure de l'unité, des multiples et sous-multiples de l'unité. — Écriture et lecture d'une opération. — Concordance des résultats arithmétiques avec les résultats graphiques. — Premier principe de combinaison d'un achat avec une vente. — Signe de liquidation.

Combinaisons des achats et ventes fermes, — en quantités égales, — en quantités différentes. — Théorie de la formation des moyennes. — Concordances des procédés arithmétique et géométrique.

Opérations à primes. — Mode de représentation. — Le pied de la prime, — Diverses espèces de primes. — Définitions. — Primes abandonnées, entamées, levées. — Positions réciproques du vendeur et de l'acheteur. — Réponse des primes. — Primes en liquidation. — Petites primes. — Primes sur les marchés étrangers.

Combinaisons des primes avec le ferme en quantités égales. — Achat de prime contre vente ferme. — Discussion des cas principaux. — Remarques sur la résultante et la situation du spéculateur dans les divers cas. — Combinaisons du ferme avec les petites primes pour le lendemain.

Achat ferme contre vente à prime. — Discussion des cas principaux, etc.

Remarques sur les primes directes et sur les primes inverses. — Situations réciproques des spéculateurs. — Rapprochement avec les marchés ordinaires et les Bourses étrangères.

Combinaisons des primes avec le ferme en quantités différentes. — Achat double à prime contre vente simple. — Vente double contre achat ferme. — Remarques générales sur les résultantes.

Mécanisme pratique de la spéculation. — Rôle et conduite du négociant en gros.— Opérations d'un mois sur l'autre.— Des reports et déports.— De la haute stratégie financière.—Manœuvres de bourse.

Théorie générale du grand commerce.— Théorie du Crédit Mobilier.— Son historique.— Ses imitateurs.

Physionomie générale de la Bourse.—La cote.—Ses variations. — Tableau des variations des divers éléments de la spéculation sur un fonds d'État.

Pratique et règlements de la Bourse.— Agents de change.— Remisiers.— Coulissiers.— Courtages, etc.— Usages divers.— Bourses de Lyon, — de Bordeaux, — de Marseille, etc., etc.

Bourses étrangères.— Usages et pratiques. — Connaissance et interprétation des cotes.

Bourses de Londres.

   —   Francfort.

   —   Berlin.

   —   Vienne.

   —   New-York, etc.

Arbitrages des valeurs entre les diverses places.— spéculations internationales.

Conclusion générale. — Passé, présent et avenir du grand commerce et de la Bourse.

IV

COURS COMPLÉMENTAIRES.

Langues vivantes. — Études comparées.

Allemand, Italien,
Anglais, Espagnol,

Notions sommaires de grammaire générale.

Comptabilité générale.

Comptabilité spéciale du commerce, de la Banque, de la Bourse. — Comptabilité des grandes sociétés insdustrielles. — Manufactures, Mines, Chemins de fer, Assurances.—Comptabilité publique.

Analyse des Bilans. — Recherches des erreurs et des fraudes, etc., etc.,

Géographie Agricole
Industrielle, Commerciale et Financière.

GÉOGRAPHIE AGRICOLE DE LA FRANCE :

Terres labourables, — Prairies, — Pâturages secs, — Vignes, Arbres à fruits, — Forêts, — Animaux domestiques.

GÉOGRAPHIE INDUSTRIELLE DE LA FRANCE :

Mines et carrières, — Houille et fer,—Industries mécaniques, chimiques,—alimentaires,—de l'habillement,—de l'habitation, littéraire et artistique.

Géographie commerciale de la France :

Institutions de crédit, — Chemins de fer, — routes,
Ports de commerce, — villes d'industrie,
Importation et exportation,
Colonies.

Géographie agricole, industrielle et commerciale

des pays étrangers.

Grande-Bretagne . . . { Nature du sol, — mines, — ports, — voies de communication, canaux et chemins de fer, — agriculture et bétail, — villes de manufactures, — poids et monnaies, — institutions de crédit, — assurances, — population, émigration.

Mêmes questions sur :

Belgique,	États-Unis,
Pays-Bas,	Mexique,
Allemagne,	Amérique centrale,
Autriche,	Antilles,
Suisse,	Côte-Ferme,
Italie,	Brésil et Républiques de la Plata,
Espagne et Portugal,	
États scandinaves,	Pérou, Équateur, Bolivie,
Russie,	Chili, Araucanie,
Empire Ottoman,	Chine et Japon,
Égypte,	Inde,
États Barbaresques,	Afrique et Océanie.

Notions générales sur l'Administration publique.

Travaux publics : — Marais, — mines et carrières.
Travaux civils,
— militaires,
— mixtes.
Servitudes civiles et militaires.

Utilité publique. — Expropriations. — Législation relative au desséchement des marais, — aux mines, — minières et carrières. — Concessions de mines, de minières. — Surveillance des carrières. — Établissements insalubres.

Voirie. — Grande et petite voirie.

Vicinalité. — Alignements, chemins de halage.

Chemins de fer.. . . . . . ⎫
Canaux . . . . ⎪
Banques. . . . . ⎬ Législation spéciale.
Magasins-Généraux . . . ⎭

Monopoles de l'État : Tabacs,
— Papiers timbrés, cartes, etc.,
— Poudres et salpêtres,
— Armes de guerre,
— Monnaies,
— Postes et télégraphes.

Entreprises diverses: de fournitures,
— de transports,
— de travaux publics.

Adjudications. — Principes généraux. — Cahier des charges. — Situation de l'adjudicataire vis-à-vis de l'administration. — Mise en régie. — Résiliation.

Paiements à compte , — définitif. — Garanties. — Formalités

pour faire valoir ses droits.—Recours auprès des autorités administratives compétentes.

Législation des patentes. — Droit fixe, — proportionnel. — Demandes en réduction.—Formalités et formules.

Douanes. — Tarifs. — Surtaxes. — Modération de droits. — Tare.—Passavant.

Entrepôts. — Définition : réel, — fictif. — Marchandises admises à l'entrepôt fictif. — Transit. — Cabotage. — Primes d'exportation. — Drawbacks.

Législation pénale.

Établissements commerciaux.

Chambres de commerce,
Bourses,
Halles,
Foires et marchés, etc.

Intermédiaires du commerce.—Commissionnaires et Commettants.—Commis de commerce, — Voyageurs. — Caissiers.

Jurisprudence spéciale aux banquiers,—changeurs, — agents de change, — courtiers, — facteurs de commerce.

Fortune publique.

Dépenses et ressources de l'Etat. — Dépenses ordinaires, — extraordinaires.

Budget. — Sa composition. — Attributions du ministre des finances. — Agences centrales et locales pour l'administration des revenus publics.

Ressources.— Notions générales sur le domaine public, — de l'État, — des départements et communes.

Contributions publiques.

Contributions directes : Rédaction et mise en recouvrement des rôles.

Contributions indirectes : Mode de perception ; — enregistrement ; — timbre.

Dépenses publiques. — Notions sommaires. — Comment elles s'effectuent. — Comment il en est justifié. — Règlement du budget. — Apurement de gestion. — Attributions de la cour des comptes.

Dette publique et Emprunts. — Service de la Dette.

Mode d'émission des emprunts d'État.

Emprunts communaux et municipaux. — Rôle du Crédit foncier.

Examen des mêmes points dans les États étrangers.

Justice administrative.

Nature du contentieux administratif. — Principes généraux.

Juridictions administratives.

Notions générales sur la compétence.—Préfets , — Conseils de préfecture ,—Ministres ,—Conseils d'État.—Du Recours au Conseil d'État.

Action administrative dans ses rapports avec le commerce et l'industrie.

Principes généraux et Dispositions principales.

> Du Code civil,
> — de procédure,
> — pénal,
> Organisation judiciaire.
> Code de commerce.
> Droit public,
> — administratif,
> — international.

LES COURS & CONFÉRENCES

DE

L'INSTITUT POLYTECHNIQUE

COMMENCENT EN NOVEMBRE.

On s'inscrit : 97, Rue Richelieu

A PARIS.

(Leçons particulières).

Arras. — Vᵉ Alph. Brissy, imp. et lith. de l'Évéché, rue des Capucins, 22.

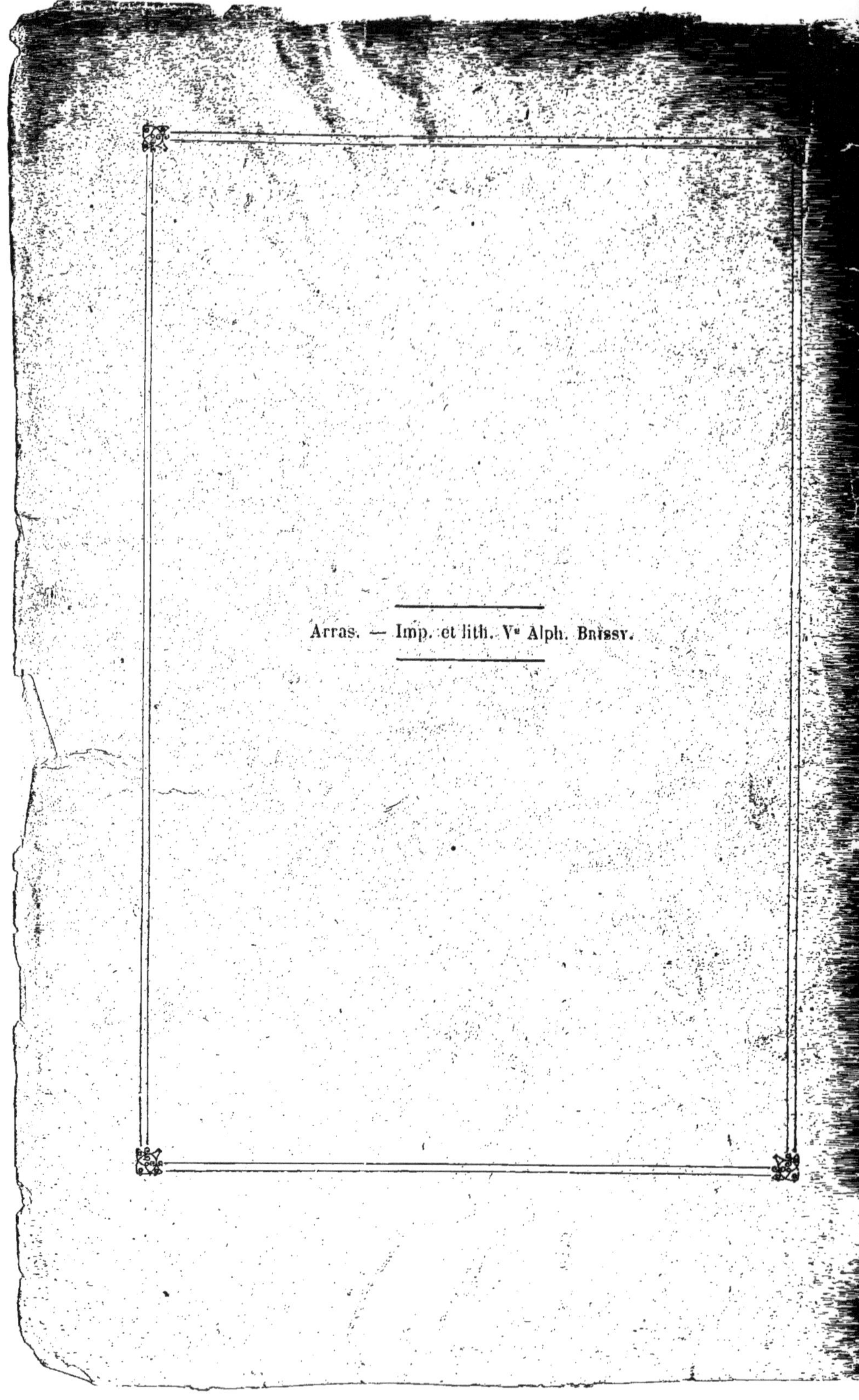

Arras. — Imp. et lith. Ve Alph. Brissy.